Costa Blanca
Costa del Azahar

D1672784

Manuel García Blázquez

Inhalt

Benvi

Willkommen im Land Valencia, wo es nach Orangenblüten duftet, willkommen an der Costa del Azahar, der Costa de Valencia und der Costa Blanca mit ihren schier endlosen Stränden. Den Kontrast zur goldgelben Pracht der feinsandigen *playas* bilden rot blühende Mohnfelder und immergrüne Palmenhaine, strahlendweiße Salinen und tiefblaues Meer. »Levante«, Land des Sonnenaufgangs, nen-

nguts!

nen die Spanier diesen Teil der südöstlichen Mittelmeerküste, ein passender Name für die von steter Sonne beschienenen mediterranen Gefilde. Der sprichwörtliche Dreiklang von Sonne, Sand und Meer lockt alljährlich Millionen von Touristen an, nicht zuletzt die Hauptstädter aus Madrid. Noch im Dezember kann man in der windgeschützten Bucht von Benidorm im Bikini liegen.

5

Costa Blanca
"Feuer, Sand und Paella"

Zwischen Vinaròs im Norden und Torrevieja im Süden reihen sich an der flachen Küstenzone Strände über Strände aneinander, meist in sattem Goldgelb. Am weitgeschwungenen Mittelmeerbogen des Golfs von Valencia, den sich die Costa del Azahar und die Costa de Valencia teilen, wird das endlose Sandband praktisch nur in Cullera von einem Steilküstenabschnitt unterbrochen. Südlich davon schießen Gebirgsausläufer an den Kaps von Sant Antoni, de la Nao und Moraira ins Meer hinaus, ist die Küste durch Kliffs und Buchten abwechslungsreich gegliedert – ein schöner Auftakt, den die Costa Blanca, die ›weiße Küste‹ der Provinz Alicante, sich da gibt. Nicht zufällig wirkten die in diese Landschaft gebetteten Küstendörfer – L'Alfàs del Pi, Altea, Calp, Moraira, Xàbia, Dénia oder Oliva – wie Magneten auf Künstler und eine gehobenere Sommerklientel. Die Siedlungen mit Ferien- und Zweithauswohnungen sind hier ebenso wie die Jachthäfen eine Spur schicker als andernorts.

Bekanntester Ort der Costa Blanca ist Benidorm, ein Hochhausdschungel mit Apartment- und Hoteltürmen – in einer Bucht, die von der Natur mit einem herrlichen Strand beschenkt wurde. Hier dreht sich alles um Badetücher und Sonnencremes, um Urlaubsvergnügen jeder Art und Nightlife satt. Was den einen als Schreckgespenst der Ferienindustrie gilt, ist für die anderen ein perfekt inszeniertes Erholungs- und Erlebnisprogramm. Nicht weit davon entfernt bieten die Dünenwellen am Strand von Guardamar del Segura noch ein Beispiel für die Schönheit der levantinischen Küste, bevor man sich mehr für Devisen als für Naturerhalt interessierte. Das Pendant zu Benidorm ist an der Costa del Azahar übrigens Benicàssim.

Wer hätte verhindern wollen, daß sich Spaniens Levante mit ihren göttlichen Stränden in einen sommerlichen Rummelplatz verwandelt? Kaum hatte Diktator Franco erlaubt, Ausländer dürften als zahlende Devisenbringer am spanischen Sonnenparadies partizipieren, kam eine radikale Metamorphose der Küste in Gang. Hotels, Apartments und Villensiedlungen legten sich regelrecht wie ein Bollwerk vor den Meeressaum. Wer heute eine der Mammut-Touristenhochburgen besucht, kann

Postkartenverdächtig – Peñíscola mit seiner trutzigen Burg

sich kaum vorstellen, daß hier bis vor wenigen Jahrzehnten allenfalls ein paar Einheimische und Eingeweihte urlaubten, daß es neben den drei Provinzmetropolen bzw. Hafenstädten Castelló, Valencia und Alicante allenfalls ein paar kleine Fischerdörfer gab. Bis in das 19. Jh. hinein litten hier die Menschen unter Piratenüberfällen und zogen die küstennahen Gebirge vor. Heute ist das anders, schließlich ist der Tourismus der wichtigste Arbeitgeber geworden.

Sicher, es gibt sie noch, die farbenprächtigen Fischerboote, sie steuern noch immer ihre kleinen Häfen an, und mancherorts wird der Tagesfang lebhaft in der Fischbörse versteigert, in Santa Pola, Altea, Calp, Moraira, Xàbia, Dénia, Peñíscola, Vinaròs und Benicarló zum Beispiel. Neben manchem Jacht- und Sporthafen nimmt sich der örtliche Fischerhafen heute jedoch eher klein aus. Man stellt sich eben mit einem breiten Wassersportangebot auf die Wünsche der Gäste ein.

Stille Orte an dieser Küste? Man braucht nur ein paar Kilometer weit in die küstennahen Gebirge zu fahren und befindet sich in einer ländlichen Welt, in Bergdörfern, an denen der Gang der Zeit abzuprallen scheint. Im Maestrat-Gebirge im Nordwesten, in Morella, Forcall oder Ares del Maestre, wirkt das Vermächtnis der Templer und anderer religiöser Orden noch so gegenwärtig, daß man sich nicht wundern würde, in einem der alten Adelspaläste oder Kirchen plötzlich einem Ritter oder seiner Dame zu begegnen. Im Palmenwald von Elx fühlt man sich in eine afrikanische Oase versetzt, und ein paar Miniinseln vor der Küste, wie die Illa de Tabarca oder die unbewohnten Illes Columbretes, sind noch Naturenklaven. Wer gern wandert, findet in den bis zu 2000 m hohen Sierren der Küstenkordillere reichlich Gelegenheit dazu – und zwar in abgeschiedener Ruhe. Geradezu Pflicht ist es, einmal das Wahrzeichen der Costa Blanca, den Penyal d'Ifac, und den küstennahen Montgó-Berg zu erklimmen, und sei es wegen des unvergeßlichen Panoramas.

Das Land Valencia wirkt vielerorts wie ein fruchtbarer Riesengarten, in dem die ganze Gemüsevielfalt wächst, die unsere Märkte so bunt und reich daherkommen

Feste rund ums Jahr: Meerprozession mit der Jungfrau...

läßt. Am auffälligsten sind die Orangenplantagen, eine Vitamin-C-Fabrik, die halb Europa versorgt. Auch Mandeln, Oliven und Wein bereichern den Speisezettel der Valencianos. Nicht zu vergessen den Reis, der in küstennahen Sumpflandschaften südlich von Valencia gedeiht und den man mit Gemüse oder Huhn zu köstlichen Gerichten zusammenmixt. Auf den Fischbörsen erstehen Köche Seeteufel, Garnelen und andere Gaben des Meeres, mit denen sie den Reis zur berühmten *paella valenciana* veredeln. Die *huertas*, so heißen hier die valencianischen Gartenlandschaften, sind eine Hinterlassenschaft der maurischen Eroberer und ihres ausgeklügelten Bewässerungssystems. Fünf Jahrhunderte lang beherrschten die Araber den spanischen Südosten, ihr Erbe ist bis heute allerorten sichtbar geblieben. Viele Dörfer zeigen noch ihre Handschrift, maurische Burgen thronen herrisch über den Orten, und mit Küstenwachttürmen bewehrte man das Land gegen Angreifer von See.

Wie überall im Mittelmeerraum ist die Vielfalt der sich überlagernden Kulturen groß. Valencia ist ein uralter Siedlungsraum. Lange vor den Mauren hinterließen die prähistorischen Ahnen der Iberer ihre Felsmalereien in der Barranco de Valltorta oder in Gasulla (Costa del Azahar). Die Blütezeit der iberischen Kultur repräsentieren die Büsten von Dama d'Elx und Dama de Guardamar, deren kunstvolle Gestaltung Einflüsse aus dem östlichen Mittelmeerraum und aus dem Orient verrät. Und Spuren der Römer findet man auch noch vielerorts, am deutlichsten in Sagunt, das für die Römer ein Sprungbrett zur Verdrängung der Karthager von der Iberischen Halbinsel war.

Das wohl spektakulärste Fest der Valencianer erinnert an das Ende maurischer Epoche und an die Übergabe des Lands an die Christen. In den *Festes de Moros i Cristians (Moros y Cristianos)*, am aufwendigsten in Alcoi gefeiert, bekämpfen sich bunt kostümierte Mauren und Christen bis zum Sieg – der Christen, versteht sich. Heute wird kein Blut, aber um so mehr Wein vergossen. Überhaupt sind die Valencianos im Feiern kaum zu schlagen. Dabei kommt die mittelmeerische Vorliebe für Feuer zum Tragen: wenn in Valencia riesige

... oder Spektakel mit Feuer und Feuerwerk wie bei den Fallas

Pappmaschéfiguren während der *Fallas* in nächtlichen Flammen zerbersten oder an der ganzen Küste zur Sonnenwende Johannisfeuer entzündet werden. Diese tiefverwurzelten Traditionen leben bei aller Veränderung und Einflußnahme durch die touristische Kultur ungebrochen fort.

Seit dem Tod Francos im Jahr 1975 konnte die regionale Identität wiederaufleben. Zu ihr gehört die Sprache, das *valenciano*, eine Dialektvariante des Katalanischen. Anders als die nationalstolzen Katalanen gehen die Valencianos gelassen damit um, daß die vielen Besucher, sei es aus Madrid, sei es aus Nordeuropa, sich ans *valenciano* nur schwer gewöhnen können. Ob Bienvenidos oder Benvinguts – willkommen sind sie alle.

Lage/Ausdehnung:	Die Comunitat Valenciana grenzt im Norden an Katalonien, im Süden an die Region Murcia und auf einer Länge von 532 km an das Mittelmeer. Die Costa del Azahar (Provinz Castelló) ist 146 km lang, die Costa de Valencia (Provinz Valencia) 135 km und die Costa Blanca (Alicante) 251 km.
Bevölkerung:	Gut 4 Mio. Die Landeshauptstadt Valencia beherbergt 746 000 Menschen, Alicante, Castelló und Elx haben über 100 000 Einwohner. Sehr dicht besiedelt ist die Küste, an der auch ca. 58 000 Ausländer leben.
Religion:	Fast alle Valencianer sind katholisch.
Wirtschaft:	Wichtigster Arbeitgeber ist der Tourismus (mit 12 Mio. Besuchern jährlich), gefolgt von der Landwirtschaft (großflächiger Anbau von Apfelsinen und Gemüsen). 25 % arbeiten in der Industrie, v. a. in den Branchen Keramik, Spielwaren, Textilien und Möbelherstellung.

Geschichte

Schleier: nur noch als Festkleidung

ca. 20 000– 4000 v. Chr.	Im höhlenreichen Küstengebirge der spanischen Levante siedeln Menschen, die in Höhlen, Schluchten und unter Felsvorsprüngen prähistorische Felszeichnungen hinterlassen, meist stilisierte Strichfiguren aus der Zeit um 6000–4000 v. Chr.
1000–250 v. Chr.	Phönizier gründen erste Handelsbasen an der südlichen Mittelmeerküste, gefolgt von Griechen. Den Einfluß dieser Kulturen auf die einheimischen Iberer zeigen beispielhaft die Skulpturen von Dama d'Elx und Dama del Guardamar.
3.–7. Jh.	Der Streit um Sagunt löst 218 v. Chr. den Zweiten Punischen Krieg zwischen Karthago und Rom aus. Die Römer übernehmen die Vorherrschaft auf der Iberischen Halbinsel, bis Anfang des 5. Jh. die Westgoten auf den Plan treten.
709–714	Arabische Reiterheere erobern Südspanien (Al-Andalus). Ihr Bewässerungssystem verwandelt die Levante in eine blühende Gartenlandschaft.
11. Jh.	Das maurische Reich zerfällt in Kleinkönigreiche Valencia und Dénia werden Zentren solcher *taifas*.
1093	Der wechselnden Herren dienende Söldner Rodrigo Díaz de Vivar, ›El Cid‹ (von arabisch: ›Sidi‹, der ›Herr‹), nimmt unter christlicher Flagge Valencia ein.
1238	Am 9. Oktober trutzt Jaume I. von Aragón den Arabern Valencia ab und gliedert es als Teilkönigreich dem Königreich Aragón ein.

15. Jh.	Das goldene Jahrhundert Valencias: Wirtschaft und Handel blühen, Seidenhändler gründen die gotische Börse. Die Familie Borja (Borgia) aus Gandia und Xàtiva stellt mit Calixtus III. und Alexander VI. gleich zwei Päpste. Unter der Herrschaft der Katholischen Könige wird das gesamte Land von den Arabern zurückerobert.
1519–1521	Die Valencianischen Zünfte (Bruderschaften, *Germanies)* erheben sich gegen das feudale System, erleiden jedoch eine blutige Niederlage.
1609	Felipe III. ordnet die Vertreibung der Mauren an. Wirtschaft und Landwirtschaft gehen darnieder.
1701–14	Im Spanischen Erbfolgekrieg verliert Valencia auch noch seine regionalen Sonderrechte *(fueros).*
1874	Ein Jahr nach Proklamierung der Ersten Republik wird Alfonso XII. in Sagunt zum König ernannt. Eine Zeit politischer Unruhen und Wirren beginnt.
1916	Eröffnung der legendären Schmalspurbahn *Trenet* zwischen Alicante und Dénia.
1936–39	General Franco putscht gegen die Volksfrontregierung. Im Spanischen Bürgerkrieg halten Anarchisten, Kommunisten und Sozialisten in Castelló, Valencia und Alicante Francos Truppen auf. Valencia wird vorübergehend zum Sitz der republikanischen Regierung. Am 31. März endet der Bürgerkrieg mit der Niederlage der letzten Widerstandsposten in Alicante.
1939–75	Unter der Regierung von Diktator Franco erlebt Spanien ab den 50er Jahren einen Touristenboom.
1982–96	Nach Wiederherstellung der Demokratie erhält die Region Valencia ein Autonomiestatut. Unter Ministerpräsident Felipe González (PSOE) erlebt Spanien einen Modernisierungsschub.
1998	In Valencia entstehen die hochmodernen Bauwerke L'Hemisferi von Santiago Calatrava und der Kongreßpalast von Norman Foster.
1999	Die konservative Volkspartei PP gewinnt in der Region Valencia und in den Städten Valencia, Alicante und Castelló die absolute Mehrheit.

Gut zu wissen!

und in Dénia kann man dem Treiben gerade mal durch eine Glasscheibe beiwohnen. Da bleibt nur ein Trost: sich zumindest die ankommenden und abfahrenden Fischerboote in aller Ruhe ansehen zu können.

Joc de pilota: Diese lokale Sportart stammt noch aus dem Mittelalter und wird in vielen Dörfern praktiziert. Dabei werfen die Spieler mit Kuhhaut bespannte, gut 40 Gramm schwere Bälle hin und her. Es gibt weder Wand noch Netz.

Blaue Flaggen: An der valencianischen Küste werden jedes Jahr rund 80 Sporthäfen und Strände mit blauen Flaggen prämiert. Es handelt sich um eine EU-Auszeichung für Sauberkeit und gute Ausstattung. Tatsächlich müssen nichtbeflaggte Strände keineswegs schlechter sein, dafür sind sie oft weniger überfüllt.

Dauergäste: An der Costa Blanca und der Costa del Azahar haben sich Deutsche, Schweizer, Engländer und Holländer saisonal oder ganzjährig eingerichtet: besonders in den Dörfern L'Alfàs del Pi, Altea, Moraira, Xàbia und Dénia. Zum Teil dürfen die nordeuropäischen ›Gemeinden‹ sogar an Bürgermeisterwahlen teilnehmen.

Fischauktionen: In den Dörfern am Meer, die nach wie vor vom Fischfang leben, gibt es von Montag bis Freitag meist zwischen 17 und 18 Uhr Fischauktionen. Die lebendigen *subastas* sind ein Schauspiel, doch werden Schaulustige nicht überall gern gesehen. Sie könnten beim Handel stören. So hat man in Santa Pola Besuchern den Zugang gänzlich untersagt,

Kunsthandwerk: Keramik wird besonders in Paterna, Manises, Biar, Agost (Krüge), Alcora und Onda hergestellt. Gata de Gorgos, Vallada und Mogente verarbeiten Korbweide, Espartogras, Zuckerrohr und Palmenzweige zu Tragetaschen und Möbeln. Auf Textilien haben sich Morella (Decken), Monóvar, Novelda und Guadalest (Häkelarbeiten) spezialisiert. In Jarafuel und Segorbe stellt man Spazierstöcke her, in Valencia und Aldaia farbenfrohe Fächer *(abanicos)* gegen die Hitze.

Nachtleben pur: *La juerga nocturna,* der nächtliche Rummel, ist für viele Besucher schon an sich eine Reise wert: Die levantinische Küste steht schließlich in dem Ruf, das lebhafteste Nachtleben auf dem Festland anzubieten. Seit vielen Jahren gibt es ›megapopuläre‹ Diskotheken- und Bar-Routen für den nächtlichen Streifzug. Die DJ's sorgen für eine frenetische Technomusik, die man spanienweit *bakalao* nennt (*bacalao*=Kabeljau). Sie wird inzwischen ebenso touristisch vermarktet wie der Sand und die Sonne. Hochburgen für Nachtschwärmer sind Valencia

Kulinarisch haben die Valencianer richtig was auf der Pfanne. Selbige – die *paellera* – gibts dort in allen Größen

(auch die dortigen Strandzonen), Castelló, Benicàssim, Torrevieja, Alicante und natürlich Benidorm.

Pünktlichkeit: Nach spanischer Sitte nimmt man es damit nicht allzu genau. Das gilt für Busfahrpläne ebenso wie für die Öffnungszeiten von Informationsbüros, Museen oder Läden. Wer erstaunt nachfragt, ob denn am nächsten Tag um 9 Uhr wirklich geöffnet ist, bekommt schon mal die Auskunft: *sí, pero depende...* – ja, aber es kommt darauf an...

Regengüsse: In den Herbstmonaten können plötzliche Regengüsse auf die ausgetrocknete Erde niederprasseln . Man bezeichnet dieses Phänomen als *la gota fría,* als ›kalten Tropfen‹. Abgesehen von begleitenden Gewittern kann es im Nu zu gefährlichen Überschwemmungen kommen. Bei solch einem Herbstunwetter sollte man möglichst keine Autotouren unternehmen und auch keine Wanderungen, sondern lieber im Hotel bleiben. Sein Wohnmobil stellt man im Herbst besser nicht an Abhängen ab, und man muß wissen, daß sich ausgetrocknete Flußbetten schnell mit Wasser füllen können.

Sicherheit: Die Strände sind besonders im Sommer gut bewacht. Dennoch hat schon mancher nach dem Bad seine Uhr vermißt, denn gerade der August ist an den Stränden der Costa Blanca Hauptsaison für Diebe. Das gilt auch für die Städte, besonders für die Altstadt- und Randgebiete von Alicante, Valencia und Castelló. Sicherheitsvorkehrungen sind also angebracht: keine Wertsachen im Auto lassen, Dokumente und Schmuck im Hotelsafe deponieren und nichts unbeaufsichtigt am Strand liegen lassen.

Verbrannte Erde: In den letzten Jahrzehnten haben unzählige Brände, die nicht selten von skrupellosen Bodenspekulanten initiiert wurden, ganze Waldflächen zerstört. Als Reaktion darauf werden wertvolle ökologische Gebiete jetzt immer häufiger als Naturreservate gepflegt und geschützt.

Feste & Unterhaltung

Feuer, Feuerwerk, die Lust am Verkleiden und an Musik kennzeichnen die valencianischen Feste. Am außergewöhnlichsten sind zweifellos die Aufführungen *Moros i Cristians/Moros y Cristianos* (Mauren und Christen), die es im Verlauf des ganzen Jahres an verschiedenen Orten gibt. Bei diesen Schaukämpfen behalten die Christen immer die Oberhand. Besonders sehenswert sind sie in Alcoi, aber auch in La Vila Joiosa, Villena, Biar, Bocairent und Petrer. Das Feuer spielt die Hauptrolle in Valencia bei den *falles/fallas* (Figuren aus Holz und Karton) und in Alicante bei den *fogueres/hogueras* (Scheiterhaufen), wobei überdimensionale Pappmaché-Puppen verbrannt werden. Daneben bereichern Wallfahrten, Volksfeste und Filmfestspiele das alljährliche Festprogramm.

Januar
Dreikönigsfest: *Belenes de Tirisiti* in Alcoi, ein Puppenfest. Die Königsprozession gehört zu den ältesten Spaniens. In Agost führt man den ›Tanz des Maurenkönigs‹ *(danza del rey moro)* auf.
San Antón: Das traditionelle Fest des Schutzheiligen der Tiere begeht man am **17.** Sehenswert in Forcall und Vilanova d'Alcolea.

Februar
San Blas: am **3.** *Moros i Cristians* in den beiden Dörfern Bocairent und Sax.
16-18: *Fiesta de los Heladeros;* Fest rund ums **Speiseeis** in Xixona.
Karneval: in Vinaròs, Pego, Torrevieja und Benidorm.

März/April
Fallas: am **19. März** besonders spektakulär in Valencia. Im Vorfeld werden satirische Figuren aus Karton und Holz gebastelt, die bekannte Persönlichkeiten repräsentieren. Am letzten Tag werden sie erbarmungslos verbrannt.
Karwoche: Prozessionen in Orihuela, Crevillente und Elx.
Wallfahrt Els Peregrins de les Useres: Am **letzten Freitag im April** steigen 13 Männer (Jesus und die 12 Apostel) zum Kloster Sant Joan de Penyagolosa auf, das auf dem gleichnamigen Berg in 1292 m Höhe liegt.
Am **23. April** begeht man in Alcoi die **Festividad de Sant Jordi** als aufwendigstes Spektakel der *Moros i Cristians*.

Mai/Juni
In Catí gibt es am **ersten Maisonntag** eine **Wallfahrt** zum Heiligtum des Sant Pere de Castellfort – schon seit Mitte des 14. Jh.
Mitte Mai wird zu Ehren des **Heiligen Isidro** eine Wallfahrt in Villar de Olmos gefeiert. Dabei tragen die Pilger Brote mit bis zu 90 cm Durchmesser.
Corpus Cristi: In Valencia erscheint an Fronleichnam die populäre Figur *la moma*, dargestellt von einem Mann mit verdecktem Gesicht, der die Würde repräsentiert.

Filmfestival der Komödie: In der **ersten Juniwoche** wird das internationale Festival in Peñíscola ausgerichtet.

Sant Joan: Großes Fest mit Feuer und Musik am **23./24. Juni** in Alicante. Die typischen Johannisfeuer werden in der Nacht zum 24. angezündet.

Juli

Stiertreiben: *Bous (toros) a la mar*. Am Monatsbeginn werden in Dénia Stiere in den Hafen getrieben.

In der **ersten Woche** organisiert L'Alfàs del Pi ein **Filmfestival.**

Virgen del Carmen: Am **16.** pittoreske Meerprozession in Santa Pola. Weitere Prozessionen in El Campello, Benidorm, Illa de Tabarca, Calp, La Vila Joiosa und Torrevieja.

Seit einem Jahrhundert wird im **gesamten Monat** in Valencia ein **internationales Musikfestival** veranstaltet.

August

Mysterienspiel: *Misteri d'Elx/La Festa* **am 14./15.** in Elx/Elche.

Tiertreiben: Ende August, Anfang September werden Stiere und Pferde in den Ort Segorbe getrieben.

Tomatenschlacht: *La Tomatina* heißt der Spaß in der **letzten Augustwoche** in Buñol, bei dem niemand fleckenlos davonkommt.

September

Weinfest: Bei der *Fiesta de la vendimia* **Anfang September** in Requena gibt es Feuerwerk, Wein und Stierkämpfe.

Oktober

Tag der Region Valencia: Am **9.**

Dezember

Fest der unschuldigen Kinder: *Día de los inocentes* am **28.** in Ibi. Dabei bedeckt man sich mit Mehl und Masken, um spaßeshalber die Macht im Rathaus zu übernehmen.

Wahrlich kein Kleiderzwang: Tomatenschlacht in Buñol

Spezialitäten

Schinken – für den kleinen Hunger zwischendurch

Das Meer und die fruchtbaren Gärten spielen die Hauptrolle in der traditionellen valencianischen Küche. Dabei ist Reis die Grundlage. Mal wird er gegart, mal geschmort, mal im Kochtopf gekocht... Es gibt über 100 Zubereitungsarten, wobei die Paella die beliebteste ist.

Paella

In einem guten Restaurant muß man sich für die Königin der valencianischen Küche Zeit nehmen, auch bekommt man sie oft erst ab zwei Personen. In der *paellera* wird der Reis ca. 30 Minuten auf leichter Flamme gekocht und mit Zutaten wie Kabeljau, Huhn, Rindfleisch, Erbsen, Salz und dem obligatorischen Safran angereichert.

Fisch und Meeresfrüchte werden am liebsten gegrillt oder gebraten. Begehrt sind die Langusten aus Guardamar del Segura, Santa Pola, Benicarló, Peñíscola und Vinaròs. In Dénia gibt es schmackhafte gestreifte Garnelen. Viele der Spezialitäten werden mit den Soßen *all i oli* (Knoblauch und Öl) sowie *all i pebre* (Knoblauch mit Pfeffer) verfeinert, in El Palmar etwa zu Aal und Wolfsbarsch.

Im gebirgigen Landesinnern ist Wild sehr beliebt, aber auch Lamm und Zicklein, Kaninchen und Huhn. Häufig gibt es dazu eine Tomatensoße und Reis nach eigenem Rezept. Charakteristisch sind aber auch die würzigen Suppen, Gemüseeintöpfe und die Fleischklöße.

Süßigkeiten

Die valencianischen *postres* (Nachtische) bestehen hauptsächlich aus Früchten und Mandeln, die man gelegentlich mit Honig versüßt. Daraus besteht auch die Süßigkeit *turrón*, die man besonders in Xixona und Alicante herstellt und die in unterschiedlichsten Zusammensetzungen besonders an Weihnachten vernascht wird. Schokolade und Bonbons sind in La Vila Joiosa zu Hause. Im Gebiet von Vinalopó läßt man die Trauben in speziellen Gläsern reifen, um sie bis Weihnachten frisch zu halten. Über das ganze Jahr hinweg nascht man alicantinische Eiscreme. Eine Besonderheit ist die *horchata*, ein süßes Getränk auf der Basis von Milch und Erdmandeln, die in den Sommermonaten kalt bis halbgefroren gereicht wird. Eine anderes Erfrischungsgetränk heißt *agua de Valencia*, eine Mischung aus Orangensaft und Sekt.

Weine

Anerkannte und geprüfte Weine mit der Bezeichnung *denominación de origen* stammen vor allem aus den Gebieten Alto Vinalopó und Utiel-Requena (dem Hauptanbaugebiet). Zu den valencianischen Weinen gehören Alto Turia, Valentino, Moscatel de Valencia und Clariano. Ein süßer Aperitif ist der Fondillón. Aus Benicàssim kommt der Licor Carmelitano.

Wann, wo und wie

Man frühstückt wenig, nimmt aber am späten Vormittag ein paar Tapahäppchen und auch ein Glas Wein oder Bier zu sich. Das Mittagessen zwischen 13 und 16 Uhr ist so reichhaltig wie das Abendessen von 19 bis 24 Uhr. Durchgehend geöffnet sind einige Tavernen an Stränden und Fischereihäfen, einige Restaurants in touristischeren Gegenden sind dagegen im Winter geschlossen.

Kulinarischer Sprachführer

arroz a banda: Eine schmackhafte Reis-Fisch-Platte, wobei beides getrennt gekocht wird. Das auch *caldero* genannte Gericht wird mit *all i oli* gereicht. Eine Spezialität in Tabarca.

arroz con costra: Reis aus dem Ofen, garniert mit Schweinerippchen und Bohnen oder einer Kruste *(costra)* aus geschlagenen Eiern. Beliebt ist das Gericht in Orihuela und Elx.

asado de cordero morellano: Eine im Ofen gegarte Lammkeule; sie wird mit Knoblauch gespickt, mit Schweineschmalz bestrichen und mit Brandy, Weißwein und Trüffelbrühe besprenkelt .

ensalada valenciana/ensalada del litoral: Gemüsesalat, angereichert mit Meeresfrüchten wie Langusten, Dattelmuscheln, Miesmuscheln, Herzmuscheln oder auch Sardellen. Dazu gibt es eine Soße aus Zitrone, Salz, Essig und Olivenöl.

esgarradet: Eine Kombination von Kabeljau mit roten Paprikaschoten – und Olivenöl natürlich.

fideuà: Meeresfrüchte-Paella mit Nudeln, typisch in den Gemeinden Marina und La Safor, besonders in Gandia.

gazpacho: Mit einer andalusischen Gemüsekaltschale hat sie nur wenig gemein. Es ist ein heißer Eintopf aus Tomaten, geschmorter Leber, Schinken und Speck sowie Fisch- und Fleischresten. Gereicht wird er zu einer Weizenmehlpastete, vornehmlich in den Gebieten um Ayora, Vinalopó, La Plana und Requena. Keine Frage, das Gericht weckt Tote auf.

Aktiv mit Antrieb: Gleitflieger mit Propeller

Aktivurlaub

Verschiedene Clubs und Organisationen haben sowohl Extremsportarten als auch ›leichtere Aktivitäten‹ im Programm, darunter Klettertouren, Radfahren, Wandern, Reitausflüge, Höhlenexkursionen, Rafting, Kanufahrten und verschiedene Flugsportarten.

Information:
Institut Valencià de la Joventut (IVJ): Tel 963 89 67 57
oder 900 50 20 20
(bei Ortsgesprächen kostenlos), Mo–Fr 9–14, 16.30–18.30 Uhr im Sommer, sonst nur morgens.

Golf

An der Costa Blanca und der Costa del Azahar gibt es 20 Golfplätze. Sie befinden sich zumeist nahe an der Küste und sind ganzjährig geöffnet. Einige liegen sogar direkt am Meer, wie die Clubs Costa del Azahar (Grau de Castelló), El Saler (Richtung L'Albufera) und Oliva Nova Golf (am Dünenstrand). Die Plätze gehören oft zu Hotels oder Apartments. Von Montag bis Samstag zahlt man zwischen 3000 und 6000 Pts.

Benutzungsgebühr. An Sonntagen 1000 bis 2000 Pts. mehr. Bei den Tourismusämtern bekommt man eine Broschüre mit den genauen Adressen.

Wandern

Es gibt zahlreiche Wege verschiedener Länge und Schwierigkeitsgrade, zu denen die Tourist Infos oftmals Beschreibungen anbietet, gelegentlich in Kombination mit der Schmalspurbahn. An der Küste empfehlen sich Wanderungen auf den Penyal d'Ifac und den Montgó (s. Extra-Tour 2). Dazu sind die Serra Gelada/Sierra Helada (Benidorm) und die Serra d'Irta (Peñíscola) ideale Wanderreviere. In den Küstengebirgen bieten sich die folgenden Regionen an (von Nord nach Süd): Tinença de Benifassà, Maestrat–Gebirge, Penyagolosa, Racó del Duc (bei Gandia), die Serra de Bernia, die Serra de Aitana und die Serra de Mariola sowie der Naturpark Carrascar de la Font Roja (bei Alcoi) und Xorret del Catí (Serra de Maigmó). Viele Routen werden auch von Bikern genutzt.

Information/Führungen:
Montañas del Mundo/Guías del
Mediterráneo:
C. Joaquín Costa, 54, Valencia,
Tel. 963 73 00 67,
Fax 963 73 26 85.

Wassersport

In den 36 Jacht- und Sporthäfen
wird ein breites Sportangebot von
Wasserski, Tauchen, Windsurfen,
Segeln bis zum Angeln angeboten. Obwohl manche Clubs
ganzjährig geöffnet sind, ist das
Angebot im Winter begrenzter. In
manchen Häfen kann man auch
große Boote samt Kapitän für längere Fahrten mieten.

Die schönsten Tauchgegenden
sind: Cap Sant Antoni, Cap de la
Nao und die Felsinseln von Portichol (Xàbia), die Uferzone um
den Penyal d'Ifac (Calp), die Illa de
Benidorm und die Buchten von
Les Rotes südlich von Dénia. Für
die Insel Tabarca und das Cap Sant
Antoni benötigt man eine Tauchgenehmigung.

Information:
Asociación de Empresas de Buceo
Recreativo: Pl. Ruperto Chapi, 3,
03001 Alicante
Tel. 965 14 02 67,
Fax 965 14 03 43.

Die schönsten Strände

Dunas de Guardamar:	Mehrere feine Sandstrände zwischen Guardamar del Segura und der Flußmündung. 4 km lange Dünenlandschaft mit Palmen und Pinien (D/E 10).
Platja del Carabassí:	Den unbebauten Dünenstrand erreicht man über eine Stichstraße von Santa Pola del Este. Angegliederter Nudistenstrand (E 9).
Platja de Levante:	2 km langer, breiter Sandstrand am Rande der Wolkenkratzer von Benidorm. Nachts beleuchtet (F 8).
Buchten zwischen Moreira und Xàbia:	Schwer zugängliches Gebiet mit Küstenfelsen und kleinen Buchten wie die Cala Moraig mit glasklarem Wasser (G 7/8).
Les Marines/ Deveses:	In Dénia. Rund 10 km feiner, breiter Sandstrand, gut ausgestattet. Die Gebäude im Hintergrund stören nicht sehr (G 7).
Dunas d'Oliva:	Mehr als 12 km weiter, goldgelber Strandstreifen mit verschiedenen *platjas*. Am attraktivsten ist der wenig bebaute Dünenabschnitt zwischen den Campingplätzen und dem Hotel Oliva Nova Golf (F 7).
Platja de Gandia:	3 km Strand nördlich des Hafens mit einer schönen Promenade (F/G 7).
La Concha:	Die muschelförmige, 850 m lange Bucht oberhalb von Castelló hat feinsten Sand (G 3).
Nord de Peñíscola:	5 km. Mit Blick auf die Burg von Papa Luna. Richtung Serra d'Irta gibt es kleine Badebuchten (H 1).

Sprachführer

Im Land Valencia gibt es zwei offizielle Sprachen: das *castellano* (Hochspanisch) und *valencià*, das im wesentlichen dem Katalanischen *(català)* entspricht. Zwei einfache Ausspracheregeln sind die folgenden: das ›c‹ vor den Vokalen ›i‹ und ›e‹ wird wie ein scharfes ›s‹, das ›j‹ und ›g‹ vor Vokalen wie das ›j‹ in *Job* gesprochen. Die Deutsch- und Englischkenntnisse sind an der Küste gut. Mit ein paar Redewendungen sammelt man aber durchaus Pluspunkte. Im folgenden wird zuerst die valencianische, dann die spanische Übersetzung aufgeführt.

Allgemeines

Guten Tag	bon dia/buenos días
Guten Abend	bona vesprada/ buenas tardes
Gute Nacht	bona nit/buenas noches
Auf Wiedersehen	adeu/ adiós
Hallo, wie geht's	hola, com va?/ hola, ¿qué tal?
Gut	bé/bien
Bitte	per favor/por favor
Danke	gràcies/gracias
Gern geschehen	de res/de nada
Entschuldigung	perdó/perdón
Sprechen Sie Deutsch	parla alemany? ¿habla alemán?

Zeit und Wochentage

wann?	quan?/¿cuándo?
heute	hui/hoy
morgen	demà/mañana
übermorgen	despus-demà/ pasado mañana
gestern	ahir/ayer
morgens	al matí/por la mañana
mittags	al migdia/ al mediodía
nachmittags	a la vesprada/ por la tarde
Monat	mes
Woche	setmana/semana
Tag	dia/día
Montag	dilluns/lunes
Dienstag	dimarts/martes
Mittwoch	dimecres/miércoles
Donnerstag	dijous/jueves
Freitag	divendres/viernes
Samstag	dissabte/sábado
Sonntag	diumenge/domingo

Zahlen

1	un/uno	17	disset/ diecisiete
2	dos		
3	tres	18	divuit/ dieciocho
4	quatre/cuatro		
5	cinc/cinco	19	dinou/ diecinueve
6	sis/seis		
7	set/siete	20	vint/veinte
8	vuit/ocho	21	vint-i-un/ veintiuno
9	nou/nueve		
10	deu/diez	30	trenta/ treinta
11	onze/once		
12	dotze/doce	100	cent/ cien(to)
13	tretze/trece		
14	catorze/ catorce	200	doscents/ doscientos
15	quinze/ quince	1000	mil
		2000	dos mil
16	setze/ dieciséis	5000	cinc mil/ cinco mil

Die wichtigsten Sätze

Unterkunft und Essen

Haben Sie ein
Doppelzimmer frei?
Einzelzimmer
mit (ohne) Bad
mit Frühstück
für eine Nacht
Halbpension
Vollpension
Ich reise morgen früh ab.

Wieviel kostet es pro
Nacht/Woche?
Ich hätte gerne ein Frühstück/
Mittagessen/Abendessen

Die Rechnung bitte.

te voste una habitació doble?/
¿tiene una habitación doble?
habitació/habitación individual
amb (sense) bany/con (sin) baño
amb desdejuni/con desayuno
per una nit/para una noche
mitja pensió/media pensión
pensió/pensión completa
me'n vaig demà al matí/
me voy mañana por la mañana.

quan costa una nit/setmana?/
¿cuánto vale una noche/semana?
voldria un desdejuni/dinar/sopar/
quisiera un (a) desayuno/
almuerzo/cena.
El compte, per favor/
La nota, por favor.

Unterwegs

Wie weit ist es

rechts
links
geradeaus
weit/nah

Super/Normal/Bleifrei

a quina distancia es troba?/
¿a qué distancia está?
a la dreta/ a la derecha
a la esquerra/a la izquierda
recte/recto
lluny/prop/
lejos/cerca
súper/normal/sense plom/
súper/normal/sin plomo

Notfall

Wo ist der nächste Arzt/Zahn-
arzt?

Ich habe Bauch-/Kopf-/Zahn-
schmerzen.

Wo ist die nächste Apotheke?

Ich brauche Erste Hilfe.

Wir hatten einen Unfall.

Bitte rufen Sie die Polizei

on es el metge/dentista mès pró-
xim?/¿dónde está el médico/
el dentista más cercano?
en fa mal estomac/el cap/queixal
tengo dolor de estómago/
de cabeza/de muelas.
on es trova la farmàcia mès
próxima?/¿dónde está la
farmacia más cercana?
Necessite primers auxilis/
Necesito primeros auxilios.
hem tingut un accident/
hemos tenido un accidente.
Per favor, crideu la policia/
por favor, avise a la policía.

ℹ️ Reise-Service

Auskunft

Spanische Fremdenverkehrsämter

... in Deutschland
– Kurfürstendamm 180
10707 Berlin
Tel. 030/882 65 43, Fax 882 66 61
– Grafenberger Allee 100
40237 Düsseldorf
Tel. 0211/680 39 80
Fax 680 39 85
– Myliusstr. 14
60323 Frankfurt a. M.
Tel. 069/72 50 33, Fax 72 53 13
– Schubertstr. 10
80336 München
Tel. 089/530 74 60, Fax 532 86 80

... in Österreich
Walfischgasse 8
1010 Wien 1
Tel. 01/512 95 80, Fax 512 95 81

... in der Schweiz
Seefeldstr. 19
80078 Zürich
Tel. 01/252 79 31, Fax 252 62 04

Infos im Internet

Informationen zu Spanien erhalten Sie auch bei DuMont im Internet: http://www.dumontverlag.de

Reisezeit

An der Costa Blanca und der Costa del Azahar findet man zwischen Oktober und Juni noch seine Ruhe. Im Sommer dagegen – ebenso wie an Ostern und Weihnachten – ändert sich das Bild schlagartig. Das milde Klima mit 24 °C Durchschnittstemperatur (10 °C im Winter) lockt in der Hauptsaison viele Besucher an. An einigen Tagen im Juli und August kann die Hitze sogar regelrecht drückend werden. An dem Küstenstreifen strahlt die Sonne an rund 300 Tagen im Jahr. Die Badezeit erstreckt sich von Frühling bis in den Herbst hinein. Im Herbst kommt es gelegentlich aber auch zu heftigen Regenschauern, im Winter wiederum zu Schnee in Höhenlagen über 1500 m.

Einreise

Für die Einreise nach Spanien benötigen Deutsche, Schweizer und Österreicher einen gültigen Personalausweis oder einen Paß. Schweizer können ohne Visum bis zu drei Monate im Land bleiben, Besucher aus EU-Ländern unbegrenzt.
Zollbestimmungen: Innerhalb der Europäischen Union gelten die Zollbestimmungen des EU-Binnenmarktes. Für Schweizer gibt es besondere Zollbeschränkungen. Eine aktuelle Liste erhält man beim Zollamt oder im Reisebüro.

Anreise

Mit dem Flugzeug

Es gibt zwei Flughäfen, um die Küste zu erreichen: L'Altet/El Altet (Alicante) bietet gute Verbindungen zur Costa Blanca, Manises (Valencia) wiederum zur Costa del Azahar und zum Gebiet nördlich der Costa Blanca. Beide werden von Chartergesellschaften aus ganz Europa angeflogen und bieten nationale Anschlüsse zu den wichtigsten spanischen Städten.

Flughafen L'Altet (Alicante):
10 km von Alicante, 52 km von Benidorm, 100 km von Xàbia und 35 km von Torrevieja, Tel. 966 91 94 00.

Verbindungen: Von Alicante aus startet die Buslinie C-6 am Platz Puerta del Mar nahe der Explanada de España sowie ab dem Busbahnhof. Die Fahrt dauert rund 40 Minuten. Im Flughafen gibt es Leihwagenfirmen. Mit dem Auto ist man schnell auf der A-7. Taxifahrten ab dem Flughafen kosten nach Alicante rund 1500 Pts., nach Altea 7600, nach Dénia 12 100, nach Benidorm 6600, nach Torrevieja 5000 und nach Guardamar del Segura: 3600 Pts.

Flughafen Manises (Valencia):
In Manises gelegen, 8 km von Valencia, 100 km von Dénia, 149 von Peñíscola, Tel. 961 59 85 15.

Verbindungen: Leihwagenfirmen und gute Verkehrsanbindung, auch zur A-7. Vom Busbahnhof dauert die Fahrt mit den gelben Bussen der CVT rund 45 Minuten bis Valencia. Taxis: Rund 2000 Pts. nach Valencia, 9200 nach Gandia, 14 000 nach Xàbia, 17 000 Pts. nach Peñíscola. Die Autobahngebühren kosten jeweils extra.

Unterwegs an Costa Blanca und Costa del Azahar

Mit der Bahn

Das Streckennetz der RENFE verbindet Alicante, Valencia und Castelló. Gute Verbindungen gibt es von hier nach Madrid und Barcelona. Daneben pendeln Hochge-schwindigkeitszüge (EUROMED) zwischen den drei valencianischen Städten und Barcelona.

Der Nahverkehrszug C-1 führt von Alicante nach Elx und Orihuela. Die Schmalspurbahnen der Ferrocarrils de la Generalitat Valenciana (FGV) – im Volksmund ›Trenet‹ genannt – halten zwischen Alicante und Dénia in allen Küstenorten. Im Sommer fährt nachts der ›Trensnochador‹ zwischen Alicante und Altea. Von Valencia aus bedienen fünf Nahverkehrslinien die Umgebung, von Castelló fahren Regionalbahnen zu den Dörfern der Costa del Azahar.

Mit dem Bus

Alle Dörfer sind an das Busnetz angeschlossen. Dabei organisieren u.a. folgende Firmen den Verkehr:

UBESA: Tel. 963 40 08 55. Verbindet Valencia mit Alicante sowohl über die Autobahn als auch über die Küstendörfer.

Autocares Costa Azul, S.A.: Tel. 965 92 46 60. Verbindet Alicante mit Torrevieja, Guardamar del Segura, Pilar de la Horadada und La Manga del Mar Menor.

Autocares Baile: Tel. 965 41 34 99. Fährt die Küstenstrecke von Alicante nach El Altet, Arenales del Sol, Santa Pola.

Alcoyana: Tel. 965 13 01 04. Verbindungen von Alicante nach Alcoi und zu den Dörfern des Alto Vinalopó. Es gibt auch eine Linie nach Xixona und Benidorm.

Autos Mediterráneo, S.A. (AMSA): Tel. 964 22 05 36. Busse von Castelló nach Alcalà de Xivert, Benicarló, Benicàssim, Oropesa del Mar, Peñíscola, Torreblanca und Vinaròs an der Küste sowie Cabanes, Catí, Sant Mateu und Morella im Landesinnern.

ℹ Reise-Service

HIFE: Tel. 964 21 10 80. Verbinden Castelló mit Valencia, Sagunt, Vinaròs und Benicarló.

HICID: Tel. 964 21 63 86. Die Stationen der Gesellschaft sind Albocàsser, Vilafamés, Ares del Maestre, Benasal, Grau de Castelló und die umliegenden Dörfer.

Mit dem Auto

Die Costa Blanca und die Costa del Azahar sind nicht nur leicht zu erreichen, sie haben auch ein gutes Straßennetz. Höchstgeschwindigkeit ist in geschlossenen Ortschaften 50, auf Landstraßen 90, auf der Autobahn 120 km/h.

Information zu Staus
Tele-Ruta: Tel. 900 12 35 05 und 963 42 28 83.

Pannenhilfe
ADA (Asociación de Ayuda al Automovilista): Tel. 902 23 24 23.
RACE/ADAC (Real Automóvil Club de España):
Tel. 900 11 22 22
Europe Assistance:
Tel. 915 97 21 25

Tanken
Die Tankstellen sind in der Regel 24 Stunden am Tag geöffnet, einige davon mit Selbstbedienung, andere mit Service. Verbleites Super kostet etwa 120 Pts., bleifreies Super 116 Pts., Diesel 93 Pts.

Leihfahrzeuge

Leihwagen bekommt man in allen größeren Orten, einen einfachen sogar schon ab 20 000 Pts. pro Woche. Einige Anbieter haben auch Motorräder im Programm. Fahrräder kann man nur in sehr touristischen Orten mieten.

Mit dem Schiff

Balearia: Puerto de Dénia, Tel. 902 16 01 80, Tgl. um 21, im Sommer auch um 9 und 17 Uhr nach Ibiza.
Pitra: Puerto de Dénia, Tel. 966 42 31 20. Tgl. um 19, im Sommer auch um 7 Uhr nach Ibiza.
Transmediterránea: Puerto de Valencia, Tel. 902 45 46 45, Nach Ibiza, Mallorca und Menorca. Zur **Illa de Tabarca** ab Santa Pola, Torrevieja und Alicante.

Unterkünfte

Hotels und Hostales

Es gibt mehr als 82 000 registrierte Hotelbetten. Die meisten Häuser sind mit drei Sternen klassifiziert, gefolgt von den 4-Sterne-Hotels. Luxusunterkünfte findet man in Xàbia, Dénia, Vila Joiosa, Altea, Elx, Moraira, Puçol, El Saler und Sant Joan de Alicante. Das Gros der Hotels – wie der Apartments – ist in erster oder zweiter Reihe am Meer angelegt. Zur Ausstattung der Zimmer gehört neben dem Bad fast überall eine Klimaanlage. Manche Häuser besitzen klimatisierte Schwimmbäder und Sportplätze, etwa für Tennis.

Hostals und **Pensionen** sind preiswert, aber meist nur in den Zentren größerer Städte zu finden. Die Austattung genügt niedrigen Ansprüchen, oft steht nur ein Gemeinschaftsbad zur Verfügung.

Einige Agenturen bieten auch **Apartments** und **Häuser** an. Die aktuellen Adressen erhält man bei den Tourismusämtern.

Unter dem Begriff **Gesundheitsurlaub** (*vacaciones de salud*) haben sich einige Hoteliers auf Thermalbehandlungen, Thalassotherapie und Hydrotherapie spezialisiert, darunter Altea Hills Resorts (Altea), El Rodat (Xàbia), Sidi Saler (Valencia), Sidi San Juan (Alicante), Beach & Golf Hotel (Oliva), Ambassador Playa I-II (Benidorm), Aparthotel Acualandia (Peñíscola) und Curhotel Termas Marinas (Benicàssim). Besonders empfehlenswert sind zwei alte **Kurhäuser** in Chulilla und Cofrentes: Balneario de Chulilla, Tel. 961 65 70 13, Fax 961 65 70 31, und Balneario de Cofrentes, Tel. 961 89 40 25, Fax 961 89 40 05.

Die **Preise** für Unterkünfte variieren je nach Saison. Am teuersten ist es vom 15. Juni bis September, an Ostern und Weihnachten.

Klöster

Wer wie ein Mönch schlafen will, kann dies in einigen valencianischen *monasterios* tun. Es sind harmonische und stille Orte. Man sollte sie aber nicht an den Standards normaler Hotels messen. Die gemeinschaftlichen Ordensregeln müssen respektiert werden. Adressen erhält man bei den Tourismusämtern.

Jugendherbergen

Das Institut Valencià de la Joventut (IVJ) verwaltet Jugendherbergen, für die man einen Jugendherbergsausweis benötigt, und auch Campingplätze. Die meisten *albergues juveniles* verfügen über Einzelzimmer, Familienräume und Gemeinschaftsräume, mit und ohne Bad. Nicht alle sind das ganze Jahr über geöffnet. Besonders schön gelegen sind die Fábrica de Giner nahe Forcall, die Albergue Argentina neben dem Strand von Benicàssim sowie La Marina in Moraira.

Infos und Reservierung:
Institut Valencià de la Joventut
C/Hospital 11, 46001 Valencia,
Tel. 963 86 92 52,
Fax 963 86 97 60.

Ferien auf dem Land

Im Innern der Provinzen Alicante, Valencia und Castelló kann man für einige Tage Landhäuser und Bauernhöfe mieten. Dieser ›Landtourismus‹ (*turismo rural*) ist besonders in der Gegend um Maestrat und Els Ports beliebt.

Infos und Rerservierung
Asociación de Casas Rurales de la Comunidad Valenciana:
Av. de Valencia, 59,
46179 Aras de Alpuente
Tel. 962 10 20 39.
Turistrat: Plaza Gaspar Fuster, 13, 12140 Albocàsser,
Tel. 964 42 84 32.
Altretur: Plaza del Real 10, 12001 Castelló,
Tel./Fax 964 25 56 75.
Agrotur: Caballeros, 26, 46001 Valencia, Tel. 902 11 53 56.

Camping

Praktisch jeder Ort an der Küste besitzt einen oder mehrere Campingplätze. In der Regel sind sie meernah angelegt. Viele haben Schwimmbäder und Sportplätze. Nahe den Stränden von Oliva gibt es einige gut ausgestattete, attraktive Plätze. Sehr empfehlenswert ist auch der neue Campingplatz Mar-Jal in Guardamar del Segura. Einige *campings* schließen zwischen Oktober und April/Mai.

Orte v

Sonne und weite Strände auf 532 km Küstenlänge zwischen Vinaròs im Norden und den Platjas de Orihuela im Süden. Lebhafte Dörfer wie Torrevieja, Santa Pola, Altea, Xàvia oder Peñiscola. Vergnügungssüchtige Szenetreffs in Benidorm, feurige Traditionsfeste in Valencia und Alicante. Dazu erstklassige Paella in urigen Schlemmerrestaurants, Spaziergänge auf Palmenpromenaden oder Golfen

on A-Z

mit Blick aufs Meer. Dieser Führer zu Costa Blanca und Costa del Azahar gibt Ihnen nützliche Tips und ausgesuchte Adressen an die Hand, damit Ihr Urlaub zum Erlebnis wird. Und dem, der etwas Besonderes sehen und erleben möchte, seien die Extra-Touren empfohlen. Die Küste Valencias in kompakter, überschaubarer Form, für den, der viel entdecken und nichts verpassen möchte.

Alle interessanten Orte und ausgewählte touristische Highlights auf einen Blick – alphabetisch geordnet und anhand der Lage- bzw. Koordinatenangabe problemlos in der großen Extra-Karte zu finden.

Alcossebre

Lage: G 2
Einwohner: ca. 5000

Der Trumpf des Ferienortes sind die breiten Feinsandstrände, an denen es sogar noch unbebaute Abschnitte gibt. Alcossebre gehört zum 10 km landeinwärts gelegenen Bauernort Alcalà de Xivert, dessen Alter die Reste eines maurischen Kastells an den Hängen der Serra d'Irta bezeugen.

Von Norden nach Süden reihen sich die Strände **Las Fuentes, El Carregador, La Romana, Moro, Tropicana** und **Cap i Corp** aneinander. Schön sind die Felsbuchten Cala Mundina und Cala Blanca beim Leuchtturm.

Club Náutico Las Fuentes: im Sporthafen am Nordrand des Orts, Tel. 964 41 40 41, Ausrüstungsverleih für Wassersportler und Segelkurse. **Centro de Buceo Barracuda:** im Sporthafen, Tel. 964 41 26 23, Tauchkurse und -exkursionen.
Wandern: Die Touristeninformation hält Unterlagen zu drei Routen durch die Serra d'Irta bereit.

Eine Attraktion im Hinterland sind die prähistorischen Felsmalereien. Von Alcalà de Xivert über Les Coves de Vinromà erreicht man kurz vor Tírig das **Museu de la Valltorta (G 1)**, wo Mi–So um 12 und 18 (Winter 17) Uhr Ausflüge zu den Fundstätten der Felskunst starten (Tel. 964 76 10 25). An der Strecke über Albocasser nach Ares del Maestre liegen weiteren Fundstätten, die **Cueva Remigia** und **Mola Remigia**.
Ares del Maestre (F 1), ein 1200 m hoch gelegenes Bergdorf, mutet noch ganz mittelalterlich an (s. Extra-Tour 1, S. 85). Eine gute Adresse zum Übernachten ist das Hotel-Restaurant D'Ares in historischen Gebäuden an der Pl. Mayor (Tel. 964 44 30 07). Südlich von Ares liegt das für seine Heilwasser bekannte **Benasal**.

Tourist Info: Sant Josep, 58, Tel. 964 41 22 05.

Apartahotel Jeremías Romana: Platja Romana, s/n, Tel. 964 41 44 11, Fax 964 41 24 44, moderat. Strandnahe Anlage mit Apartments für 2–6 Personen. Balkone, Pool und Palmengarten.

	Sightseeing		Camping
	Baden/Strände		Restaurants
	Sport & Freizeit		Shopping
	Ausflüge		Nightlife
	Information		Feste
	Hotels		Verkehr

Sancho III: Platja de las Fuentes, s/n, Tel./Fax 964 41 41 36, moderat/teuer.
Familiäres, strandnahes Hotel, 53 Zimmer mit Balkon.

 **Playa Tropicana:** Platja Tropicana, s/n, Tel. 964 41 24 63, Winter geschl. Mit tropischer Vegetation, Pool und Restaurant, beim Tropicana-Strand. Auch Apartments.
Ribamar: Abzweig von der Straße zum Leuchtturm, Tel. 964 41 41 65. Familienfreundlicher Platz, 3 km nördlich des Orts in einer Pinien-Landschaft mit kleinen Buchten.

Can Roig: Platja Mañetes-Tropicana s/n, Tel. 964 41 43 91, Di, Mi (außer im Sommer) und Nov. – März geschl. Strandnahes Lokal mit Terrasse und guten Fisch- und Reisgerichten.
Sancho Panza: Jai-Alai, s/n, Tel. 964 41 22 65.
Hübsches Lokal in der Urbanización Las Fuentes beim Sporthafen. Mediterrane Küche, Menü: 1700 Pts.

Túnel: Diskothek und Terrassenbar in einem alten Wachtturm bei den Cap i Corp-Stränden. Nur an Wochenenden.

San Juan Bautista y El Sagrado Corazón: Johannes der Täufer- und Herz-Jesu-Fest Ende Aug. in Alcalà de Xivert und Anfang Sept. in Alcossebre. **San Miguel:** Ende Sept. mit Umzügen von Christen und Mauren.

Busse von Alcalà de Xivert nach Castelló, Oropesa del Mar, Peñíscola, Vinaròs mehrmals tgl., von Alcossebre Mo–Fr morgens nach Castelló, Oropesa del Mar und Benicàssim. Lokale Busse nach Alcalà de Xivert, zu den Stränden Las Fuentes und Cap i Corp.

Alacant/Alicante

Lage: E 9
Einwohner: 275 000

Mal eben vorbeischauen, auf und ab flanieren, ein Schwätzchen halten, das Treiben beobachten, das beste Eis und die beste Erdmandelmilch *(horchata)* der ganzen Levante genießen oder am Sonntagvormittag dem Stadtorchester im Musikpavillon lauschen: Jedermann in Alicante findet täglich aufs neue einen Grund und die Zeit, der Explanada de España einen Besuch abzustatten, der palmenbeschatteten städtischen Flaniermeile am Meer. Ihr Pflaster ist ein mehrfarbiges Mosaik aus über 6 Mio. Marmorfliesen. Alicante ist alt, es wurde im 3. Jh. v. Chr. von den Römern gegründet, bevor es als arabisches Al-Lekant Geschichte machte. An dessen Stelle, am Fuß des Benacantil-Hügels, der eine Festung trägt, liegt die als El Barrio bekannte Altstadt, zu der die Viertel Santa Cruz und San Roque mit ihren unregelmäßigen Gassen gehören.

 Castillo de Santa Bárbara:
tgl. 10–20,
im Winter 9–18 Uhr.
Die Burg, die ihre heutige Gestalt im 16. Jh. erhielt, bekrönt den 166 m hohen Monte Benacantil. Gegenüber der Platja del Postiguet geleitet ein 194 m langer Tunnel zu den Aufzügen, die Besucher für 400 Pts. (Kleingeld nötig) zu den drei Ebenen der Anlage befördern. Auch zu Fuß oder im Auto gelangt man hinauf. Tolle Aussicht!

Museo de la Asegurada:
Plaza Santa María, 3,
Tel. 965 14 07 68, Di–Sa 10–13, 17–20, So 10–13, im Sommer 10–14, 17–21, So 10–14 Uhr.
Das Gebäude (17. Jh.) diente bereits als Kornspeicher, Gefängnis und Waffenlager. Im Museum ist spanische Kunst des 20. Jh. ausgestellt, darunter Saura, Tàpies, Gris, Miró und Picasso – eine Schenkung des Künstlers Eusebio Sempere.

Ayuntamiento (Rathaus):
Plaza del Ayuntamiento, 1,
Mo–Fr 8–15 Uhr.

Playa oder Platja?

Die Gemeinde Alcalà de Xivert setzt sich für eine Wiederbelebung des valencià in der Öffentlichkeit ein. Die Region Valencia liegt ebenso wie Mallorca im Sprachgebiet des Katalanischen (*català*), einer eigenen romanischen Sprache. Im benachbarten Küstenort Alcossebre sieht man das anders – wohl mit Rücksicht auf die vielen spanischsprachigen Touristen aus Madrid. Sprachengewirr in der Autonomen Gemeinschaft Valencia? Gleich neben der *playa* stellt sich eine *platja* vor (Strand), das Gebirge heißt *sierra* oder *serra*, der Fluß *río* oder *riu*, die Quelle bzw. der Brunnen *fuente* oder *font*, die Straße *calle* oder *carrer*, die Allee *Avenida* oder *Avinguda*. Und bei den Ortsnamen sieht es nicht besser aus; Alicante ist Alacant, Elche schreibt sich lieber Elx, Sagunto heißt auch Sagunt. Offiziell dürfen beide Sprachen benutzt werden. Als Besucher gewöhnt man sich schnell an die Sprachenvielfalt. In diesem Buch werden in der Regel die vor Ort üblichen Benennungen angegeben.

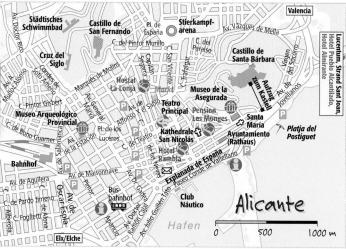

Ein spätbarocker Bau aus dem 18. Jh. Im Erdgeschoß ist auf der ersten Stufe der Innentreppe die Höhe des Meeresspiegels gekennzeichnet. Auf diese Markierung beziehen sich in Spanien sämtliche Höhenangaben.

Kathedrale San Nicolás:
Plaza del Abad Penalva, 1,
tgl. 8.30–12.30, 18–20.30 Uhr.
Im Renaissancebau aus dem Jahr 1662 stechen die Capilla de la Comunión (18. Jh.) und der Kreuzgang hervor, beide im Barockstil.

Museo Arqueológico Provincial:
Av. de la Estación, 6,
Tel. 965 12 13 00,
Mo–Fr 9–18 Uhr.
In einem ehemaligen Palast sind Hausrat aus der Bronzezeit, eine Sammlung iberischer und römischer Keramik, römische Statuen und Inschriften sowie Keramikkunst des 16.–19. Jh. zu sehen. Von hier aus gibt es Führungen in die alte Römerstadt Lucentum.

Lucentum: In La Albufereta, vom Stadtkern aus 3,5 km (ausgeschildert), Juli–Sept 9–12, 18–21, sonst 9–13, 16–18 Uhr,
So abends und Mo geschl.

Ruinen der einstigen römischen Stadt aus dem 5.–4. Jh. v. Chr.

Die **Platja del Postiguet** erstreckt sich über 1 km mit feinem, goldfarbenen Sand direkt vor dem Stadtzentrum. Richtung Norden folgen die **Platja de l'Albufereta** und die **Platja de Almadraba** sowie einige kleinere Buchten – Nudistentreffs sind die Cala Judíos und Cala Cantalars – und dann die weite, lange **Platja de Sant Joan** und die **Platja Mutxavista,** die zur Gemeinde El Campello gehört (Bus 21, 22): Insgesamt 7 km feinster Sandstrand.

Infos über **Wassersport** (bei den Sportclubs) sowie über Segelfliegen, Looping und Drachenfliegen erhält man in der Tourist Info. **Golfplätze:** Club de Golf Alicante Golf, an der Platja de Sant Joan, Tel. 965 15 56 15, und Club de Golf Bonalba, in Mutxamel, Tel. 965 97 05 11.

In **Agost (D/E 9),** 18 km landeinwärts, lohnen neben den Resten eines maurischen

31

Kastells und der barocken Ortskirche vor allem die zahlreichen Tonwaren- und Keramikläden einen Besuch. Ein Markenzeichen des örtlichen Kunsthandwerks sind die weißen *botijos*, Krüge mit Henkel und Tülle. Die Deutsche Ilse Schultz leitet das kleine Museo de Alfarería (Tel. 965 69 11 99), dem eine Keramikschule angegliedert ist.

Die **Serra de Maigmó (D/E 8)** nordwestlich von Alicante lädt zum Wandern ein. Mitten im Gebirge liegt das gemütliche Berghotel Xorret del Catí, Partida del Catí, s/n, im Weiler Catí, 10 km von Castalla, Tel. 965 56 04 00, Fax 965 56 04 01, moderat/teuer.

Alcoi und Umgebung (E 8): Auf der N-340 über Xixona, nicht nur in Spanien als Zentrum der *turrón*-Herstellung bekannt, einer Süßigkeit aus Mandeln, Honig, Eiweiß und Zucker, erreicht man kurz vor Alcoi zunächst den Abzweig zum Naturpark **Carrascar de la Font Roja,** ein kleines Naturparadies in einer gebirgigen Gegend. In Alcoi, einem traditionellen Zentrum der Textilindustrie feiert man vom 22.–24. April die berühmteste der für die Region so typischen *Festes de Moros i Cristians* (s. S. 14). Westlich von Alcoi gedeihen in der **Serra de Mariola (D/E 7/8)** – mit Höhen von über 1000 m – aromatische Kräuter und Heilpflanzen sowie Pinien, Eichen und Eiben. Unter den pittoresken Bergdörfern der Gegend ist **Bocairent (E 7)** mit seinen krummen Gäßchen, den Landadelshäusern und Brunnen, der Pfarrkirche der Verge de l'Assumpció (16. Jh., 1766 nach einem Erdbeben wiederaufgebaut) sowie der aus dem Felsen geschlagenen, einem römischen Amphitheater nachempfundenen Stierkampfarena (1843) einen Umweg wert. Interessant sind die

Covetes dels Moros, 53 Höhlen in einer Felswand der Barranc de Fos, die einst als Höhlenwohnungen oder Grabkammern gedient haben mögen (Hotel: L'Estació: Tel. 962 90 52 11, Fax 962 90 54 23, moderat, oder Camping Les Fonts de Mariola: Ctra. Bocairent-Alcoi, km 9, Tel. 962 13 51 60. Gesamtstrecke ab Alicante: ca. 100 km).

Cuevas de Canelobre (E 8): in Busot, 24 km nördlich von Alicante, Tel. 965 69 92 50, tgl. 11–17.50 (Winter), 10.30 – 19.50 Uhr (Sommer), 550 Pts.

Die Tropfsteinhöhle, 3 km von Busot entfernt Richtung Xixona, fasziniert mit ihren Stalaktiten, Stalagmiten und kuriosen Felsgebilden, darunter Kandelaberformen, die für den Namen der Höhle Pate gestanden haben könnten. Gelegentlich Konzerte.

 Tourist Info: Explanada de España, 2, Tel. 965 20 00 00.

 La Lonja: Capitán Segarra 10, Tel 965 20 34 33, günstig/moderat.
Pension mit Klimaanlage, TV und Parkplatz beim Zentralmarkt.

Les Monges: Las Monjas, 2, 1°, Tel. 965 21 50 46, günstig/moderat.
Familiäre Pension in einem renovierten Haus von Anfang des 20. Jh. in der Altstadt El Barrio. Zimmer mit Klimaanlage und TV.

Almirante: Av. Niza, 38, Tel 965 65 01 12, Fax 965 65 71 69, moderat.
Ruhig gelegen am Strand Sant Joan, mit Klimaanlage und Pool.

Rambla: Rambla de Méndez Núñez, 9, Tel. 965 14 45 80, Fax 965 14 46 84, moderat.

Einfache Zimmer mit Klimaanlage Dusche, Bad und TV. Zentral nahe der Explanada de España.

Pueblo Acantilado: Ctra. N-332, km 126,9, bei El Campello, Tel./Fax 965 63 81 46, moderat/teuer.

Die rund 7 km von der Strandzone Sant Joan entfernte Anlage ist einem Dorf im reinsten Mittelmeerstil nachempfunden. Zimmer und Apartments mit begrünten Platz. Herrliche Ausblicke.

Jugendherberge (Albergue juvenil): Av. de Orihuela, 59, Tel. 965 11 30 44, Fax 965 28 27 54, günstig.

In der Residencia La Florida mit 204 Betten.

Explanada de España – die schattige Flaniermeile von Alicante ist das Markenzeichen der Stadt

Bon Sol: Camino Real de Villajoyosa, 35, Platja Muchavista, s/n, El Campello, Tel. 965 94 13 83, von der A-7 auf die N-332 durch die Urbanización La Font und vom Strand Muchavista aus Richtung Racó de la Zofra.

Rund 100 m vom Strand entfernt auf einem Felsvorsprung. Klein, familiär, ruhig. Parzelle 1500 Pts.

Costa Blanca: Partida Convento, El Campello, Tel. 965 63 06 70, Anfahrt über die N-332, km 120,5. Schattiger Platz mit Pool, Snackbar, Supermarkt, Grill. Unterwassersportangebote. Parzelle 1575 Pts.

Im Viertel El Barrio gibt es eine Unzahl an Tavernen und Restaurants, in denen man bei gutem Wetter unter freiem Himmel speisen kann. Zu den besonders guten gehören die **Bar Luis** (C. Mayor, 27) und **La Taberna del Gourmet** (C. San Fernando, 10) oder die Tavernen an der Plaza Santísima Faz. Empfehlenswert sind auch die *arrocerías* (auf Reisgerichte spezialisierte Restaurants) an der Explanada, wie das **Delfín**. In der *arrocería* **La Dársena** am Sporthafen glaubt man auf einem Schiff zu sein. Auch die Restaurants an der Meerpromenade in El Campello haben einen guten Ruf: Mit Blick auf die Strände genießt man im **Cavia, El Jumillano-2** und **La Peña** beste Mittelmeerküche.

Mesón Bodega Viña Fondillón: General Lacy, 17, Tel. 965 13 17 38, So geschl. Tagsüber Delikatessenladen, ab 20 Uhr Mesón: Weine, Schinken, Pasteten und Käse überzeugen.

Mesón de Labradores: Labradores, 19, Tel. 965 20 48 46, nur abends. Hinter der Kathedrale. In volkstümlicher Atmosphäre gibt's Hackfleischbällchen (*albóndigas*), Kutteln, Gambas-Salat, Stockfisch (*bacalao al pil-pil*) oder kleine Filets und Brötchen.

Rincón Huertano: Bailén, 3, Tel. 965 20 79 25.

Lokal, in dem die Produkte des Gartens *(huerta)* auf den Tisch kommen. Es gibt sie auch als günstige, kleine Portionen *(raciones)*.

El Piripi: Oscar Esplá, 30, Tel. 965 22 79 41.

Exquisite alicantinische Küche, unweit des Bahnhofs. Spezialität des Hauses sind Reisgerichte und Tapas. Ab 4000 Pts.

La Tapería: Plaza Santísima Faz, 3, Tel 965 20 61 02. So abend und Sept. geschl.

Gute Reisgerichte, prima Salate.

El Barrio, die Altstadt zwischen Explanada (Eisstände!), Rambla de Méndez Núñez und den Ausläufern des Burgbergs, ist eine einzige Ansammlung von Restaurants, Tavernen, Cafés und Kneipen. In der C. San José, 10, in El Barrio, gibt's im **Jamboree** Jazz und Blues live. Beliebt bei Jugendlichen sind die Disco-Pubs der C. San Fernando. ›In‹ sind die Lokale am Sporthafen. Im Sommer verlagert sich die nächtliche Ausgehszene zur Platja de Sant Joan. Wer es ruhiger mag: **Café Español de las Artes,** Av. Constitución, 9, bei der Markthalle.

Sant Joan/San Juan: Feurige Johannisnacht am 24. Juni: Satirische Holz- oder Pappmachéfiguren werden den Flammen der ›cremà‹ übergeben. Straßenfest mit unzähligen Bands. **Romería de la Santa Faz:** am 2. Do nach Gründonnerstag pilgern Tausende von Menschen zum Kloster Santa Faz (8 km). Frühmorgens geht es in Alicante bei der Kathedrale los.

Flughafen: in L'Altet, Tel. 966 91 94 00. 10 km südlich. Busse der Linie C-6 pendeln zwischen Flughafen und Pl. Puerta del Mar (ca. 40 Min. Fahrzeit.)

Züge: RENFE-Bahnhof, Av. de Salamanca, s/n. Tel. 965 92 02 02.

Der Schnellzug Euromed fährt nach Valencia, Castelló und Barcelona. Nahverkehrszug der Linie C-1 nach Elx und Orihuela.

Ferrocarrils de la Generalitat Valenciana (FGV-Züge), Av. Villajoyosa, 2, Tel. 965 26 27 31: Der *Trenet* bedient die Strecke Alicante–Dénia, im Sommer übernimmt der *Trensnochador* den Nachtservice zwischen Alicante und Altea.

Busse: Bahnhof an der C. Portugal, 17, Tel. 965 13 07 00.

Verbindungen mit Valencia und den Küstenorten. Die Stadtbuslinien 21 und 22 verkehren entlang der Strände bis El Campello. Ein Buho-Bus befördert Nachtschwärmer Fr und Sa nachts. Das Mehrfachticket *bonobús* (10 Fahrten) ist günstiger, Tel. 965 25 82 83.

Taxi: Tel. 965 25 25 11.

Mietwagen: Europcar: Meliá Alicante, Platja del Postiguet, s/n. Tel. 965 21 02 27.

Europa: am Flughafen, Tel. 965 65 11 81.

Altea

Lage: F 8
Einwohner: ca.13 000

Von einem Berghang blickt Altea auf eine weite Bucht. Der weiße Ortskern hat noch moriskische Struktur. Das soziale und kulturelle Zentrum ist der Platz an der Kirche Virgen del Consuelo, deren Kuppeln mit blau und weiß glasierten Ziegeln gedeckt sind. Daß Altea einst bei der Bohème hoch im Kurs stand, spürt man bis heute. Seine Atmosphäre wird durch die

Künstlertreff mit maurischer Vergangenheit: Altea

ansässigen Künstler und Kunsthandwerker, die vielen Galerien und das Kunstmuseum Navarro Marrón mitbestimmt. 3 km landeinwärts liegt mit Altea la Vella der ältere der beiden Siedlungskerne, ebenfalls ein weißes Dorf.

Die **Platja de l'Albir** zwischen Altea und L'Alfás del Pi, mit kristallklarem Wasser und weißem Kieselstrand, geht über in die **Platja Cap Blanch,** die bis zum Fischer- und Sporthafen reicht. Unterhalb des Orts liegt die **Platja La Roda** mit grobem Sand. Jenseits des Riu Algar gibt es am Cap Negret noch eine unbebaute Zone. Die Bucht **La Solsida**, Richtung Calp, ist FKK-Zone.

Wassersport im Sporthafen Campomanes und im Club Náutico von Altea.
Golf Don Cayo: In der Urbanización Sierra de Altea Golf, Tel. 965 84 80 46, 9 Löcher. Unter Bäumen am Fuß der Serra de Bèrnia, mit Meerblick.

Wandern: Schön ist der Weg von der Platja de l'Albir zum Leuchtturm. Ein gutes Wanderrevier ist auch die nahe Serra de Bèrnia.

Tourist Info: C. Sant Pere, 9, Tel. 965 84 41 14, an der Meerpromenade.

San Miguel: C. La Mar, 65, Tel. 965 84 04 00.
günstig/moderat.
24 Zimmer mit Klimaanlage und Blick auf Meer und Hafen.
La Riviera: Camí Vell del Far, 1, Tel. 966 86 53 86,
Fax 966 86 66 53, moderat.
Am Weg zum Leuchtturm, in L'Alfàs del Pi. Einfaches, schön gelegenes Hotel mit Blick auf die Bucht von Altea und die Platja de l'Albir.
Cap Negret: N-332, km 159, Partida Cap Negret, 7, 1 km Richtung Valencia, Tel. 965 84 12 00, Fax 965 84 16 00, teuer.
Zimmer und Suiten in einem Doppelhaus mit Palmengarten und Pool, direkt am Meer, nahe der Mündung des Riu Algar.

35

**Zu hoch zum Händchenhalten –
Riesenpuppe in Benicarló**

Cap Blanch: Platja
Cap Blanch, 25,
Tel. 965 84 59 46,
Fax 965 84 45 56.
Ruhige Lage gegenüber der Platja
de l'Albir, komfortabel, mit Grill.

El Negro de Altea:
Santa Bárbara, 4, Tel.
965 84 18 26, abends, Mo geschl.
Das Altstadtlokal hat sich auf Grillfleisch und Nudeln spezialisiert.

Oustau: Mayor, 5, Tel.
965 84 20 78, mittags, außer im
Sommer Mo sowie im Febr. geschl.
Ein altes Haus mit hübscher Terrasse im alten Ortsteil. Die Gerichte
sind nach Stars der Kinowelt be-
nannt, z. B. *Gazpacho Almodóvar*
oder *Solomillo Love Story*.

Sant Pere 24: Sant Pere, 24,
Tel. 965 84 49 72, Di, zweite
Junihälfte und im Jan. geschl.
Beim Hafen gelegen, mit kleiner
Terrasse. Fisch- und Reisgerichte in
maritimer Atmosphäre.

Ca Toni: Cura Llinares, 3,
Tel. 965 84 84 37, Mi geschl.
außer vom 15. Juli–1. Sept.
In einer Gasse von Altea la Vella.
Mit Terrasse. Fisch und Fleischge-
richte, um 4000 Pts.

El Cranc: Ein ausgezeichneter Im-
bißstand *(chiringuito)* am Strand
Platja de l'Olla.

Im alten Ortskern bieten
zahlreiche Läden **Kunst-
handwerk** an. Im Sommer tgl.
Mostra d'Artesania auf dem
Kirchplatz, die an die früheren
Hippie-Märkte erinnert.

Moros i Cristians: Haupt-
fest mit bunt kostümierten
Christen und Mauren vom 24.–
27. Sept. Beim Viertel L'Olla d'Altea wird vom 12.–14. Aug. **Feuerwerk** gezündet – vom Land und
vom Wasser aus.

Busse von/nach Benidorm,
Xàbia und Dénia. Mit dem
Trenet kommt man nach Alicante
und Dénia entlang der Küste.

Benicarló

Lage: H 1
Extra-Tour 1: s. S. 84
Einwohner: ca. 19 000

Felder mit Zitrushainen und Artischocken umgeben Benicarló, das zugleich auf eine lange Tradition als Fischerhafen zurückblickt. Touristisch steht es absolut im Schatten des benachbarten Postkartenstädtchens Peñíscola, zu dem eine schmale Küstenstraße führt. Einen Blick im Ort verdienen die Pfarrkirche San Bartolomé mit barockem Portal und der Convento de San Francisco aus dem 17. Jh.

 Sant Mateu: 28 km, s. Extra-Tour 1, S. 84. Für ein gutes Essen empfiehlt sich dort das Restaurant Mare de Dèu, in einer Ermita aus dem 16. Jh. (Tel. 964 41 60 07, Juli–Sept. tgl., im übrigen Jahr nur Sa/So).

 Besser als der Kiesstrand nördlich des Fischerhafens (Platja Nord/Mar Chica) sind die feinsandigen Strände Richtung Peñíscola.

Tourist Info: Pl. de la Constitució, s/n, Tel. 964 47 31 80.

Parador de Turismo Costa del Azahar: Av. Papa Luna, 5, Tel. 964 47 01 00, Fax 964 47 09 34, teuer. Ein neueres Gebäude mit großem Garten und Pool. 34 Zimmer haben Meerblick.

Alegría del Mar: La Mar Chica, Tel. 964 47 08 71. Schattiger Platz bei km 1046 der N-340, zwischen Äckern, mit Pool. **El Tordo y el Olivo:** Av. Papa Luna, Tel. 964 47 10 15, Mitte Juni–31. Aug. geöffnet. Kleiner, mit Olivenbäumen bestandener Platz mit Pool, 2 km auf der Küstenstraße nach Peñíscola.

 El Cortijo: Av. de Méndez Núñez, 85, Tel. 964 47 00 75, So abends, Mo und erste Julihälfte geschl. Vor allem Fischgerichte und Langusten aus dem örtlichen Fang. Um 4000 Pts.

Fiesta de la Alcachofa (Artischockenfest): Zweite Januarhälfte, zusammen mit dem Fest des hl. Antonius. **Fallas:** 19. März. **Wallfahrt** zur Ermita de Sant Gregori am 9. Mai.

Busse tgl. nach Vinaròs, Peñíscola und nach Castelló. **Züge** der Linie Valencia-Barcelona.

 ## Benicàssim/ Benicasim/

Lage: G 3
Einwohner: 10 000

Der Ort arabischen Ursprungs ist zwischen Orangen-, Zitronen- und Olivenhaine gebettet. Wo einst die »Söhne von Casim« lebten, entstand die größte Touristenhochburg der Costa del Azahar, nach Benidorm die zweitwichtigste der Region Valencia. Während Benidorm bis Mitte der 50er Jahre des 20. Jh. noch ein Fischerdorf war, begann Benicàssims Karriere als Sommerfrische bereits im 19. Jahrhundert. Dem Flair jener Zeit kann man noch ein wenig in den Fußgängerzonen des Zentrums und auf der Strandpromenade nachspüren.

Bodegas Carmelitano: Am Ende der Av. de Castelló, tgl. 9–13.30, 15.30–19 Uhr, im Sommer bis 20 Uhr.

Den Licor Carmelitano (34%) mixten Karmelitermönche 1896 erstmals aus aromatischen Bergkräutern zusammen. Daneben gibt es hier den Moscatel Carmelitano (Degustation und Verkauf).

Voramar, Almadraba, Sant Vicent, Els Terrers, Heliópolis – insgesamt rund 6 km Feinsandstrand vor kinderfreundlichseichtem Wasser, mit repräsentativer Promenade.

Segeln und Surfen an den Stränden Els Terrers und Heliópolis. Verleih und Schule.
Aquarama: N-340, km 986,8, Tel. 964 30 33 21, Juni–Sept. ab 11 Uhr.
Wasserspaß für die ganze Familie: mit Abenteuerfluß, Rutschbahnen, Wellenbad, Höhlen, Kaskaden u.ä. an der Südseite des Orts.

Desert de les Palmes (F/G 2/3): Eine wilde Berglandschaft, 6 km bergauf. Die Bezeichnung »Wüste« (desert, span.: desierto) paßt angesichts der üppigen Zwergpalmenvegetation nicht recht. Doch die Mönche des Karmeliterklosters empfanden die Landschaft als verwaist und einsam, eben als Einöde. Außer dem 1621 gegründeten Monasterio de los Padres Carmelitas, dessen Kirche besichtigt werden kann, finden sich verstreute Festungsruinen und Einsiedeleien. Vier Wanderwege, weiter Blick über die Küste!
Vilafamés (F 2): Das pittoreske, von einer rötlichen Burg überragte Bergdorf, 35 km von Benicàssim, übte auf Kunstschaffende schon immer einen besonderen Reiz aus – und kann in seinem Museum zeitgenössischer Kunst im Palau del Battle aus dem 15. Jh. eine wahrhaft respektable Sammlung an Malerei und Skulptur von 400 Künstlern, darunter von Chillida oder Ripollés, vorzeigen.

Die Fahrt nach **Montanejos (E 3)** am Riu Millars/Mijares (von Benicàssim nach Süden, in Villarreal Richtung Onda landeinwärts, ca. 70 km) lohnt allein schon, um in der Fuente de los Baños zu baden. Das auch als *balneario árabe* (arabisches Bad) bezeichnete natürliche Bassin im Fluß, der sich zwischen Felswänden seinen Weg gebahnt hat, hat kristallklares eisenhaltiges Wasser, das schon in arabischer Zeit zu medizinischen Zwecken genutzt wurde. Man kann die Fahrt über **Navajas** und **Segorbe** (s. S. 66) zu einem reizvollen Rundkurs erweitern.

Tourist Info: Médico Segarra, 4 (im Rathaus), Tel. 964 30 09 62.

Voramar: Paseo Pilar Coloma, 1, Tel. 964 30 01 50, Fax 964 30 05 26, moderat, Nov.–März geschl.
Dieses Haus am gleichnamigen Strand öffnete schon 1930 seine Pforten, ist also eines der ältesten Hotels der Gegend. Familiär, mit Panoramaaussicht.
Trinimar: Av. Ferrandis Salvador, 184, Tel. 964 30 08 50, Fax 964 30 08 66, moderat.
Direkt am Strand gelegen, Zimmer mit Klimaanlage und Balkon, einige mit Blick aufs Meer. Pool und Garten.
El Cid: Les Platgetes de Bellver, s/n, Tel. 964 30 07 00, Fax 964 30 48 78, moderat/teuer. Am Strand Les Platgetes de Bellver, nördlich von Benicàssim. Pool, Klimaanlage, schöne Gärten.
Intur Bonaire: Av. de Gimeno Tomás, 3, Tel. 964 39 24 80, Fax 964 39 56 01, teuer.

Benicàssim: Kutschenparade an der Costa del Azahar

Geräumige Zimmer in einer strandnahen Grünzone. Whirlpool, Fitnessräume und ein beheiztes Schwimmbad – die Intur-Kette tut etwas für Sportfans.
Albergue Juvenil Argentina (Jugendherberge):
Av. Ferrándis Salvador, 40,
Tel. 964 30 09 49,
Fax 964 30 04 73,
22. Dez.–1. Febr. geschl., günstig.
Direkt am Strand von Els Terrers, mit Pool. Auch Einzelzimmer.

 **Azahar:** Partida Vilarroig,
Tel. 964 30 31 96.
In der Nähe des Hotels Voramar, keine 100 m vom Strand, mit Pool.
Capricornio: Av. Mohino, 31,
Tel. 964 39 51 31.
Mit Garten und Pool, 200 m vom Strand.
Bonterra: Tel. 964 30 00 07, Karwoche bis Ende Sept. geöffnet.
500 m nördlich des Ortszentrums in einer baumbeschatteten Zone.

 Im Zentrum reihen sich in der **Av. Castelló** Bars, Restaurants, Cafeterías und Eisdielen aneinander. Auch in der Fußgängerzone – in den Straßen Pérez Bayer, La Pau und Desert Tárrega –

und an der Strandpromenade gibt es viele Tavernen und Mesones.
Plaza: Cristóbal Colón, 3,
Tel. 964 30 00 72, Di und im Jan. oder Febr. geschl.
Das angenehme Lokal im Zentrum serviert baskische Kost, wie *merluza Donosti* (Seehecht) und tropische Salate. Menü ab 2400 Pts.

 Im Sommer konzentriert sich das Nachtleben in der als **Las Villas** bekannten Zone mit Sommerresidenzen, die seit Ende des 19. Jh. zwischen den Stränden von Voramar und Almadraba errichtet wurden. Viele Kneipen gibt es auch im Ortszentrum.

 17. Jan.: **Sant Antóni Abad** und **Santa Agueda.** Kutschenparade und Haustierweihe.
2. Wochenende im Aug.: **Festival Internacional de Música Independiente** mit Techno, Rock, Kino, Theater unter freiem Himmel.

 **Busse** von/nach Castelló und Vinaròs durch die Küstendörfer. Der *autobús de la marcha* pendelt Fr/Sa nacht (nur Juni–Sept.) zwischen Castelló und Benicàssim.

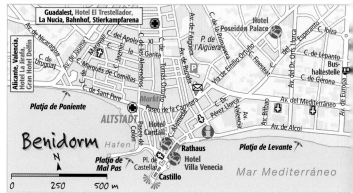

Benidorm

Lage: F 8
Einwohner: 50 000
(im Ferienmonat August versechsfacht sich diese Zahl)

Das kleine Fischerdorf von 1950 ist nicht mehr wiederzuerkennen: Mit seinen rund 100 Apartment- und Hoteltürmen gilt es als Manhattan der Tourismusindustrie. Angelockt von den wunderbaren Stränden der windgeschützten Bucht, dem milden Klima – noch im Winter kann man hier im Bikini liegen – und dem Ruf der *marcha*, dem schier unendlichen Angebot für vergnügungssüchtige Nachtschwärmer, zieht das Mega-Ferienzentrum der Costa Blanca Jahr für Jahr 4 Mio. Touristen an. Vergnügen und Geschäft sind hier zwei Seiten einer Medaille: Benidorm gilt als drittgrößter Arbeitgeber Spaniens. Von Paella bis Würstchen mit Sauerkraut, von Sangría bis Bier – nach deutschem Reinheitsgebot gebraut, versteht sich – läßt Benidorm keinen Besucherwunsch offen – wenn das kein Service ist!

Die **Platja de Levante** gehört zum Besten, was der Mittelmeerraum an Stränden zu bieten hat. Zusammen mit der **Platja de Poniente** bildet sie ein 5 km langes Buchtenrund mit fast weißem Sand – der im Sommer kaum noch zwischen den auf Handtüchern der Sonnenanbeter vorblitzt. Zwischen diesen Hausstränden von Benidorm schiebt sich ein Felsen mit Aussichtsplattform ins Meer vor. An seiner Seite liegt der kleine Hafen. Von der hübschen **Cala de Finestrat** an der Südseite des Orts blickt man auf die kleine Illa de Benidorm.

Wasserski, Segeln, Surfen, Unterwassersportangebote bei mehreren Schulen im **Hafen** und im **Club Náutico**. Zu sechs **Wanderrouten** durch die Serra Gelada/Sierra Helada zwischen Benidorm und Altea gibt die Touristeninfo Unterlagen aus.

In **Racó de Loix** in der Serra Gelada, praktisch oberhalb der Platja de Levante, kann man im **Mundomar** Meerestiere bewundern und Delfinshows ansehen oder im Wasservergnügungspark **Aqualandia** planschen und sonnenbaden.
Limón Expres: Der ›Zitronenzug‹ fährt auf einer alten Schmalspur-

linie entlang der Küste nach Gata de Gorgos (s. S. 50), Di–Sa 9.35 Abfahrt, Rückfahrt um 13.50 Uhr.
Bootsausflüge zur kleinen, bei Tauchern beliebten Illa de Benidorm mehrmals tgl. vom Hafen (Fahrt: ca. 20 Min.). Von dort werden auch Schiffstouren entlang der Küste angeboten.
Guadalest/Serra d'Aitana (F 8): s. Extra-Tour 3, S. 89. Über Guadalest geht es nach **Alcoi (E 8)**, 60 km, und nach Bocairent (s. S. 32f.).

ⓘ **Tourist Info:** Av. Martínez Alejos, 16 (im Zentrum), Tel. 965 85 13 11. Weitere Büros: C. Gerona/Ecke Derramador und Av. Europa/Ecke Ibiza.

La Jirafa: Oviedo, 30, Tel. 965 85 04 59, moderat.
Kleines, einfaches Hotel (11 Zimmer) mit Blick auf den Poniente-Strand.
Hotel Canfali: Pl. Sant Jaume, 5, Tel. 965 85 08 18, Fax 965 85 00 66, moderat/teuer.

Schön gelegen, direkter Zugang zum Levante-Strand. Mit TV.
Villa Venecia: Pl. Sant Jaume, 3, Tel. 965 85 54 66, Fax 965 86 46 66, teuer.
Auf einem Hügel mit Blick aufs Meer und den Strand.
Poseidón Palace: Vía Emilio Ortuño, 26, Tel. 965 85 02 00, Fax 965 85 23 55, teuer.
400 von der Platja de Levante, Zimmer mit Balkon, Pool, Gärten.
Gran Hotel Delfín: Platja de Poniente. Tel. 965 85 34 00, Fax 965 85 71 54, teuer/Luxus.
Am äußersten Ende der Platja Poniente. Zimmer mit Balkonen zum Meer und ein tropischer Garten.
Außerhalb
El Trestellador: Partida del Trestellador, Benimantell, 16 km vom Zentrum, hinter Guadalest, Tel. 965 88 52 21, Mitte Okt. bis 1. Nov.-Woche geschl., günstig/moderat.
Sympathisches Landhaus: 10 Zimmer mit Blick auf die Berge, Pool und ein gutes Restaurant.

Im Szenecafé in Benidorm: Vorbereitung auf das turbulente Nachtleben

Hochhausdschungel in Benidorm

Villasol: Av. Bernat de Sarrià s/n, Tel. 965 85 04 22. 1,3 km vom Strand, mit mehreren Pools, darunter einem beheizten.

Im alten Ortszentrum von Benidorm stolpert man förmlich über Tavernen und Bars, in denen man Tapas bekommt, besonders zwischen der Pl. Constitució, der Costera del Hostal und der als ›Straße der Basken‹ bekannten C. Santo Domingo mit den Lokalen **Gastelutxo, Santurzi, El Txiqui-Gure Etxea** und **Easo Berri.**
La Cava Aragonesa: Pl. de la Constitució, Tel. 966 80 12 06. Altstadt-Lokal im aragonesischen Stil. Tapas, Schinken und Wurst.

Arrocería Aitona: Ruzafa, 2, Tel. 965 85 30 10.
Ein Klassiker im alten Zentrum, bekannt für seine Reisgerichte und Grillteller. Benidorm ohne das Aitona – undenkbar.
La Palmera-Casa Nadal:
Av. Severo Ochoa, s/n, Tel. 965 85 32 82, nur mittags außer im Juli/Aug.
In Racó de Loix, oberhalb der Platja de Levante. Mittelmeerküche auf einer Terrasse, von der man auf die Berge blickt. Familiäre Atmosphäre. Menüs für 3500 Pts.
Casa Toni: Cuenca, 27, Edificio Gemelos IV, Tel. 966 80 12 32, So abend (außer Juli/Aug.), zweite Junihälfte und Jan. geschl.

und Kneipenzone der C. Esperanto ist als **Zona 9** bekannt.

Festes Majors Patronals: Stadtfest mit Kutschenumzügen am 2. Wochenende im Nov. **Fallas:** 16.–19. März. **Nit del Foc:** Johannisfeuer am 24. Juni. **Festival de la Canción:** im Juni/Juli im Park L'Aigüera im Zentrum.

Busse: Ubesa-Busse, Tel. 966 81 31 20/966 81 31 11 entlang der Küste nach Alicante, Valencia sowie nach Guadalest. Alcaraz-Busse, Tel. 965 85 43 22, steuern ebenfalls Guadalest an sowie die Platja de l'Albir und die Cala de Finestrat.
Züge: Der *Trenet* fährt an der Küste nach Alicante und Dénia. Im Sommer gibt's den *Trensnochador,* Tel. 965 85 18 95, für die Nacht.
Mietwagen: Centauro, edificio Coblanca, 5, Tel. 966 83 07 07.
Taxi: Tel. 965 86 18 18 und 966 80 10 00.

Calp/Calpe

Lage: F 8
Einwohner: ca. 14 000

Abseits des Zentrums, Fisch, Meeresfrüchte und Grillfleisch.

Flohmarkt: Second-Hand-Ware und Antiquitäten, So vormittag in La Nucia, 8 km nördl.

Benidorm schläft nicht. Wer will, kann schon am Vormittag tanzen gehen oder an einer Musikshow teilnehmen. Riesendiskos, wie **KU, KM, Racha, Penélope** oder **Pachá**, liegen an der N-332 Richtung Valencia. Ihre kleinen Schwestern findet man in Form von Disko-Pubs am ersten Abschnitt der **Platja de Levante**, wo im Sommer Go-go-Girls und -Boys für Highlife sorgen. Die Pub-

Der markante Felsen Penyal d'Ifac (span.: Peñón de Ifach) ist das Markenzeichen dieses alten Fischerdorfes, dem der Tourismus einige wenig ansehnliche Apartmentblocks bescherte. Doch fällt es leicht, ein Auge zuzudrücken; sich ganz vom sauberen Wasser, dem sanften Klima, dem milden Meer und dem Blick auf den Penyal d'Ifac fesseln zu lassen und sich dabei vorzustellen, daß vor uns schon Iberer und Römer, Muslime und Christen oder die vom 14.–17. Jh. an der ganzen Küste so sehr gefürchteten Piraten und schließlich in den 30er Jahren des 20. Jh. Ernest Hemingway ihren Blick auf diesen Felsklotz der Costa Blanca hefteten.

Der obere Ortsteil mit engen, krummen Gassen und dem alten moriskischen Viertel **El Arrabal** hat historischen Charakter: Hier stehen der Torreó de la Peça, die Reste der Stadtmauern und die Kirche im gotisch-mudéjaren Stil sowie das Rathaus, das nun ein **Archäologisches Museum** beherbergt. Die Ruinen aus der Römerzeit – darunter die der Badeanlage Baños de la Reina – erinnern an das Alter von Calp. Am Ortsrand fällt die bei Zugvögeln beliebte Salinenzone auf.

Im Stadtgebiet schiebt sich die Halbinsel mit dem Penyal d'Ifac zwischen die langen Feinsandstrände **Arenal-Bol** (südl.) und **Fossa-Levante** (nördl.).

Club de Golf Ifach: Ctra. Moraira-Calp, km 3, Tel. 966 49 71 14.
9-Loch-Platz im Gemeindegebiet von Benissa, mit Blick auf den namengebenden Felsen.
Wassersport: Segelschule, Tauchen u.ä. im Club Náutico im Fischerhafen von Calp und im Club Náutico Puerto Blanco, in der Urbanización la Canuta Baja, sowie im Club Náutico Les Bassetes nördlich von Calp.
Bootsfahrten entlang der Küste bis Benidorm von Juni–Sept. Wechselnde Fahrtzeiten. In der Hauptsaison legen die Boote sogar stündlich im Hafen ab.

Parc Natural del Penyal d'Ifac: im Winter 9–17, im Sommer 8–19 Uhr, Tel. 965 97 20 15.

Aufstieg zur 332 m hohen Spitze s. Extra-Tour 2, S. 86f.
Benissa: 10 km nördlich, besitzt einen alten Kern mit Herrenhäusern, der alten Börse (Lonja) aus dem 15. Jh., heute ethnographisches Museum, dem Rathaus, dem ehemaligen Hospital, der Casa de Torres Orduña und dem Convento de los Padres Franciscanos (17. Jh.). Im neogotischen Stil präsentiert sich die Kirche Puríssima Xiqueta.

Tourist Info: Av. de los Ejércitos Españoles, 66, Tel. 965 83 69 20.
Eine Zweigstelle liegt an der Pl. del Mosquit, s/n, Tel. 965 83 85 32.

Venta La Chata: N-332, km 172, Tel./Fax 965 83 03 08, moderat.
In einer ehemaligen Poststation an der Straße Richtung Benissa, 5 km außerhalb von Calp. Ein familiäres Hotel mit 17 Zimmern, von denen man auf Meer und Berge blickt.
Roca Esmeralda: Ponent, 1, Tel. 965 83 61 01, Fax 965 83 60 04, teuer.
Moderner Großbau im Norden der Platja de Levante. 88 Zimmer und 124 Suiten mit Blick aufs Meer und den Penyal-Felsklotz, mit Schwimmbad.
Apartahotel Galetamar: La Caleta, 28-A, Tel. 965 83 23 11, moderat.
Apartments und Bungalows nördl. des Levante-Strandes. Ruhige Lage, mit Pool und Solarium.

Ifach: Ctra. Calp-Moraira, s/n, Partida de las Salinas, 2-B, Tel. 965 83 04 77, April–Okt. Kleiner baumbeschatteter Platz, zwischen Straße und Platja de Levante geklemmt.

Kein Picknick, sondern fröhliche Konkurrenz: Paellawettbewerbe sind an der Küste sehr beliebt

Levante: Av. de la Marina, s/n, Tel. 965 83 22 72.
Rund 100 m vom Strand Platja de Levante entfernt, ganz in der Nähe der Salinen. Ein kleiner Campingplatz mit Cafetería und Restaurant.

Frischer als in den populären **Restaurants am Hafen** von Calp (u.a. das **Baydal**) bekommt man den Fisch kaum. Hier wählt man aus dem Tagesangebot, was in den Kochtopf kommen soll.
La Viña de Calpe: Ctra. la Cometa, Urbanización la Merced, 1-H, Tel. 965 83 09 55, Mo geschl. Schönes Lokal mit rustikaler Dekoration. Di und Mi sind Reistag: Es gibt ihn auf indonesische Art oder à la carte.
La Cambra: Delfín, 2, Tel. 965 83 06 05, So, zweite Juni- und erste Dezemberhälfte geschl. Valencianische Reisgerichte und baskisch-französische Küche. Menü ab 3000 Pts.

Virgen de las Nieves: 1.–9. Aug. Prozessionen, Volksfest und Feuerwerk. **Stadtfest des Santísimo Cristo del Sudor** vom 21.–25. Okt. mit Gefechten zwischen Mauren und Christen. **Spanisch-deutsches Bierfest** in der ersten Oktoberhälfte.

Busse von/nach Benidorm, Altea, Dénia. Der *Trenet* verkehrt entlang der Küste nach Alicante und Dénia.

Castelló/Castellón de la Plana

Lage: F 3
Einwohner: ca. 136 000

Die Provinzhauptstadt Castelló liegt zwischen Meer und Küstengebirge in einer flachen Ebene – ein Umstand, der ihr den Namenszusatz »de la Plana« gab. Auf dem

Castelló

fruchtbaren Bewässerungsland werden Orangen und Gemüse kultiviert. Sehenswert ist hier allenfalls der kleine historische Kern – mit Kathedrale, Rathaus und Markthalle – zwischen den Plätzen Mayor, Pescadería und Santa Clara. 4 km entfernt liegt das Hafenviertel El Grau mit großem Fischer- und Exporthafen. An der Küste haben auch die Anlagen einer petrochemischen Fabrik ihren Standort.

Frei wie ein Campanile steht der 58 m hohe oktogonale **Glockenturm El Fadrí** (16./17. Jh.), das Wahrzeichen der Stadt. Die dazugehörige **Kathedrale Santa María** wurde im 13./14. Jh. im Stil der Gotik errichtet. Nach dem Spanischen Bürgerkrieg, an dessen Ende Castelló als eine der letzten Bastionen der Republikaner fiel, mußte sie vollständig rekonstruiert werden. Im Innern befindet sich ein Museum religiöser Kunst. Das gegenüberliegende **Rathaus** aus dem 18. Jh. besitzt eine Fassade im toskanischen Stil mit Laubengängen und Loggia.

Museo de Bellas Artes:
Caballeros, 25, Tel. 964 35 97 11,
Mo–Fr 10–14, 16–18,
Sa 10–12.30 Uhr, im Sommer nur vormittags.
Zu sehen sind archäologische Funde der Provinz und über 1000 Keramikexponate aus Onda, Ribesalbes, Alcora, Manises und Teruel. Dazu Gemälde und Skulpturen.
Convento Capuchinas: Núñez de Arce, 11, tgl. 16–20 Uhr.
Das Kloster des 18. Jh. beherbergt Bilder des Hofmalers Zurbarán und Plastiken des 17.–18. Jh.
Planetario: Passeig Maritim, 1,
Di–Fr 16.30–20, Sa 11–14,
16.30–20, So 11–14 Uhr.
Sept. geschl., Eintritt 350 Pts.
Im Planetarium, in El Grau nahe der Platja del Pinar, gibt's sternenkundliche Vorführungen. Infos über die Inseln Illes Columbretes (s. S. 47).

Ausgedehnte Sandstrände beiderseits der Mündung des Riu Seco. Die **Platja del Pinar** liegt nördlich des Hafens.

Aeroclub Castelló: Platja Pinar, s/n, Tel. 964 28 01 39.

An der Küstenstraße nach Benicàssim. Panoramarundflüge.
Club Náutico Castelló: Dique de Poniente, s/n, Tel. 964 28 25 20. Segel- und Ruderkurse.

Bootsausflug zu den **Illes Columbretes:** Die Gruppe unbewohnter Inselchen vulkanischen Ursprungs liegt 30 Meilen vor der Küste. Am größten – und als einzige zugänglich – ist die Illa Grossa mit dem 67 m hoch gelegenen Leuchtturm, den man vom Hafen in einem 45-minütigen Fußmarsch erreicht: in Begleitung eines Parkwächters, denn die Illes Columbretes sind ein geschütztes Naturreservat. Campieren ist verboten, Restaurants und Bars gibt es nicht. Bootsfahrten: mit Charters Castelló, Tel. 608 96 72 50, und Centro de Actividades Subacuáticas, Tel. 964 21 45 62. (Info-Zentrum im Planetarium von Castelló. Wer mit dem eigenen Boot zur Illa Grossa will, muß hier eine Erlaubnis einholen. Gleiches gilt für Wassersport).

In **Burriana (F 3)** – inmitten von Orangenhainen – hat das Orangenmuseum Museu de la Toronja (200 Pts) einen passenden Standort (C. Major 10, Di–Sa 10–13, 16–20, So 10–14 Uhr). Aus dem 13. Jh. stammt die später barockisierte Kirche. An der Küste liegen der Handels-, und Jachthafen zwischen weiten Stränden.
Cuevas de Sant Josep (F 3/4): Mit einem Boot geht es 2 km lang durch die beleuchteten, unterirdischen Höhlen von Sant Josep in La Vall d'Uixó, bewohnt vor 15 000 Jahren (11–13.15, 15.30–17, Sommer 10.30–18.30 Uhr).

Tourist Info: Pl. María Agustina, 5, Tel. 964 35 86 88.

La Ola: Paseo Marítimo, s/n, Tel. 964 28 48 89, günstig.
Einfache Pension, Aussicht auf die Platja del Pinar, mit gemütlichem Restaurant.
Hotel del Golf: Platja del Pinar, Tel. 964 28 01 80, Fax 964 28 11 23, teuer.
Richtung Benicàssim, 100 m vom Strand und unweit des 9-Loch-Platzes des Club de Golf Costa del Azahar. Die Zimmer mit Klimaanlage und Balkon sind frisch renoviert.

In den Bars und Tavernen rund um die Pl. Santa Clara bekommt man Tapas. Die *freidurías* am Hafen von El Grau sind für ihren fritierten Fisch und die frischen Meeresfrüchte weit bekannt.
La Tasca del Puerto: Av. del Puerto, 13, Tel. 964 28 44 81, So abend, im Winter auch Mo, sowie im April und Nov. geschl.
Exquisite Regionalküche mit frischen Zutaten; am Hafen von El Grau gelegen. Das Menü kostet 5000 Pts.

La Magdalena: am dritten Fastensamstag zur Erinnerung an die Stadtgründung; Reiterumzug mit historischen Personen wie Jaume I., der das Land den Mauren entriß, und Wallfahrt zum Heiligtum Ermita de la Magdalena.

Busse: Gesellschaft Hife, Tel. 964 21 10 80, Richtung Valencia, Sagunt, Vinaròs. AMSA-Busse, Tel. 964 22 05 36, zu den Küstenorten Richtung Vinaròs.
Züge: ab RENFE-Bahnhof, Pl. de España, s/n, Tel. 964 25 02 02. Verbindungen der Strecke Valencia–Barcelona.
Taxi: Tel. 964 22 74 74.

Der letzte Schrei aus Balkonien: Fächer *(abanicos)* statt Geranien

Cullera

Lage: F 6
Einwohner: ca. 20 000

Das Städtchen erstreckt sich zwischen der Mündung des Riu Xuquer (span: Río Júcar) und dem Cap de Cullera, das die weite Strandbucht an der Nordseite abschließt. Der alte Ortskern, der Fischer- und Jachthafen liegen ein kleines Stückchen flußaufwärts. Überragt werden sie von einer Burg, die Jaume I., nachdem er Cullera den Mauren entrissen hatte, über einem arabischen Vorgängerbau errichten ließ. Im 19. Jh. stellte man ihr – im neogotischen Stil – die Wallfahrtskapelle Mare de Dèu del Castell zur Seite. Ein gänzlich anderes Gesicht hat die Strandzone, wo riesenhafte Apartmentblocks und Hotels den Blick auf die Bergkulisse häßlich verstellen. Cullera liegt in der sog. »Orangenbucht«, umgeben von Bewässerungsland mit Zitrusplantagen.

Die breite, feinsandige **Platja de Sant Antoni** erstreckt sich vor der Hotel- und Apartmentmeile. 15 km Strand!

Aquasol: an der N-332 Richtung Valencia, Tel. 961 73 24 23, Mitte Juni bis Sept. ab 11 Uhr geöffnet. Wasserspaß, Restaurants, Grill und Grünanlagen.

Um zum 4 km südlich gelegenen **L'Estany** zu gelangen, überquert man in Cullera auf der Höhe des Hafens den Fluß. Kleine Fischerhäuschen und Restaurants – bekannt für gegrillten Fisch und Paella – liegen am Ufer der Salzwasserlagune. Empfehlenswert ist die Casa Salvador (Tel. 961 72 01 36). Und bei Sonnenuntergang heißt es den Fischerbooten und Anglern zuschauen – was für ein Kontrastprogramm zur Ferienhektik der Küste!

Tourist Info: Carrer del Riu, 38, Tel. 961 72 09 74.

Sicania: Ctra. del Faro, s/n, Tel. 961 72 01 43, moderat/teuer, 25. Nov.–27. Dez. geschl.
Überschaubar dimensioniertes Hotel an der Platja del Racó. Zimmer mit Balkon, teils mit Meerblick.

 Santa María: Ctra. al Faro, km 2, Tel. 961 72 14 40, von der Karwoche bis Sept. geöffnet.
In einem Pinienhain, 100 m vom Racó-Strand, mit Pool.

 Am Weg hinauf zur Burg und zum Santuario liegen zwei gute Restaurants: **Les Mouettes** mit französischer Küche und **D'Amigos** mit deutscher bzw. internationaler Küche und Grillgerichten. Der Blick hinunter auf Meer und Strände ist herrlich – wenn man den Anblick der Apartmentblocks in Kauf nehmen mag.

 Mare de Dèu del Castell: ab Sa nach Ostern.

 Busse nach Valencia und Alicante, **Nahverkehrszüge** nach Gandia und Valencia.

Dénia

Lage: G 7
Einwohner: ca. 28 000

Zweifelsohne zählt Dénia zu den hübscheren Orten der Costa Blanca. Seit über 100 Jahren ist es als Sommerfrische beliebt, und es zieht heute mit seinem Jachthafen durchaus immer noch eine gehobene Klientel an. Dénia ist eine der ältesten Siedlungen dieses Küstenstrichs: Seinen Namen verdankt es dem römischen Dianium; ab 1014 war es Sitz eines maurischen Kleinkönigreichs. An den Burgberg schmiegt sich seither die verschachtelte weiße Altstadt, und der pittoreske Fischerhafen hat nichts von seiner traditionellen Bedeutung verloren. Weit und breit schätzt man die Langusten, die hier angelandet werden. Wenn die Fischer gegen Abend vom Meer zurückkehren und ihre Boote im Hafen vertäuen, kann man in der Fischbörse dem Schauspiel von Verkauf und Versteigerung des Fangs beiwohnen.

 Castell: Eingang an der C. San Francisco, tgl. 10–13 und 15/16–18/19 Uhr, 300 Pts.
Die Burg aus dem 11./12. Jh., die den Ort vom Hügel herab beherrscht, trägt deutlich die Züge eines Baus aus islamischer Zeit. Unter der Herrschaft der strenggläubigen Almohaden, die zwischen 1147 und 1230 ein kurzes Intermezzo auf der Iberischen Halbinsel gaben, entstanden die Torre Roja und die Torre del Consell. Bollwerke und Verteidigungsanlagen wurde in der Zeit der Renaissance hinzugefügt. Das Archäologische Museum in der Burg bringt Licht in Dénias Geschichte.
Museu Etnològic: Cavallers, 1, Tel. 966 42 02 60, Di–Sa 10.30–13, 14–19 Uhr, So 10.30–13 Uhr.
Das Museum gibt Einblicke in die traditionellen Lebens- und Wirtschaftsweisen der Gegend, z. B. Weinbau und Fischfang.

Über 1 km lang ist die feinsandige **Platja Marineta Cassiana** südlich des Fischerhafens. **Les Marines** erstreckt sich als breites goldfarbenes Band Richtung Norden entlang der Urbanisationen. Zwischen den Mündungen der Flüsse Girona und Racons liegt die 5,5 km lange, ebenfalls feinsandige **Platja Deveses.**

FKK ist in der Bucht **Les Rotes/Las Rotas** möglich.

Segel- und Tauchkurse werden im Sporthafen angeboten. **Surfen** kann man an der Platja Marineta und der Platja Les Deveses. Reizvolle **Wandertouren** führen in den Montgó-Naturpark; genaue Routenbeschreibungen (auch auf deutsch) gibt es in der Touristeninformation.

Golf La Sella: Ctra. La Xera-Jesús Pobre, Tel. 966 45 42 52. 18-Loch-Platz.

In **Gata de Gorgos (G 7)**, 17 km von Dénia und mit dem *Trenet* zu erreichen, kann man Kunsthandwerk erstehen (Korb-, Flechtwaren und Keramikwaren oder Spitzenklöppeleien) und eine Gitarrenfabrik besichtigen. Das von Arabern gegründete Dorf widmet sich auch dem Weinbau.

Montgó-Gebirge, s. S. 87

Coves de las Calaveras: Ctra. Pedreguer–Benidoleig, Tel. 966 40 42 35, tgl. 9–18 Uhr, im Sommer länger.
Bis zu 50 000 Jahre alt sind die Spuren menschlichen Lebens, die man in dieser Höhle fand. Als man sie 1768 entdeckte, kamen 12 Totenschädel (*calaveras*) zum Vorschein – daher der Name. Am Ende der 300 m langen Grotte gibt es diverse Tropfsteingebilde.

Cova del Rull: in Vall d'Ebo, tgl. April–Sept. 10.30–20.30, Okt.–März 11–17 Uhr.
Interessante Tropfsteinhöhlen, rund 30 km von Dénia entfernt. Vom Ort Vall d'Ebo zum Laguar-Tal verläuft die Höllenschlucht (Barranc de l'Infern) mit steilen Felswänden.

Safari Park Vergel: Ctra. C-3311 Verger-Pego, s/n, tgl. ab 10 Uhr.

Die Zoo-Tierwelt erlebt man hier in Halbfreiheit. Kinder lieben die Ausritte auf Dromedaren, die Robben- und Papageienshows.

Tourist Info: Glorieta Oculista Buigues, 9, Tel. 966 42 23 67.

El Castillo: Av. del Cid, 7, Tel. 965 78 53 24, Fax 966 42 13 20, moderat. Familiäres Hotel in der Altstadt, 7 Zimmer mit Dusche, Klimaanlage und TV.

Rosa: Congre, s/n, Tel. 965 78 15 73, Fax 966 42 47 74, moderat/teuer. 1 km vom Zentrum. Ein zweistöckiges Haus am Strand mit hübschem Garten und Pool. Auch Bungalows für 2 oder 3 Personen.

La Racona: Ctra. de Les Rotes, 76, Tel. 965 78 79 60, Fax 965 78 78 61, moderat/teuer. In ruhiger Lage am Strand liegt dieses alte Haus mit schönem Garten und Pool. 11 Zimmer mit Bad und Balkon, dazu 25 Apartment-Bungalows mit 1–3 Zimmern (1 Woche für 2 Pers. ab 49 000 Pts.).

Los Angeles: Les Bovetes Nord, A-118, Ctra. Les Marines, km 4, Tel. 965 78 04 58, Fax 966 42 09 06, moderat/teuer. Renoviertes, dreistöckiges Hotel mit 60 Zimmern, Garten, Restaurant und Tennisplatz – mit direktem Zugang zum Strand.

Romano: Av. del Cid, 3, Tel. 966 42 17 89, Fax 966 42 29 58, teuer/Luxus. In der Altstadt, unweit des Aufgangs zur Burg. Zum Hotel umfunktionierte Kaserne der Guardia Civil, mit schönem Patio und Restaurant.

 Dénia besitzt sechs Campingplätze: **Los Patos** an

der Platja Deveses sowie **Los Pinos** an der Bucht Les Rotes sind ganzjährig geöffnet, von April–Sept. **Los Llanos, Diana** und **Las Marinas** an der Platja Marines sowie **Tolosa** in Las Rotas.

Unter Gourmets hat Dénia den allerbesten Ruf. Im Fischerviertel Baix la Mar beim Hafen bieten Bars und Restaurants in alten Fischerhäusern qualitätvolle regionale und internationale Küche.

El Raset: Bellavista, 7, Tel. 965 78 50 40, Di außer von Juli–Sept. geschl.
In der Altstadt gegenüber dem Hafen, mit Terrasse. Spezialität sind Fische, auch internationale Küche, Menü: 2700–3600 Pts.

El Poblet: Ctra. Les Marines, km 3, Tel. 965 78 41 79, Mo außer Juli/Aug. geschl.
In der Urbanización El Poblet. Ausgezeichnete maritime Küche, aber auch Fleischgerichte. Stimmungsvoller Patio. Menüs ab 3800 Pts.

El Asador del Puerto: Pl. del Raset, 10, Tel. 966 42 34 82, Mi außer Juli.–Sept. geschl.
Rustikales, kastilisches Lokal gegenüber dem Hafen, mit Terrasse. U.a. Lamm. Menü ab 2500 Pts.

Bitibau: San Vicente del Mar, 5, Tel. 966 42 25 74, nur abends, So außer Juli–Aug. und 14 Tage im Febr. geschl.
In einem alten Fischerhaus, nobel eingerichtet. Fisch, Meeresfrüchte, asturische Fleischspezialitäten. Degustationsmenü 4500 Pts.

El Comercio:
Marqués de Campo, 17.
Ein typisches Haus an der Hauptstraße, sehr beliebte Bierkneipe und Pizzeria mit valencianischer und deutscher Küche.

El Trampolí: Camí Ample, 83, Tel. 965 78 12 96.

In Les Rotes, gegenüber dem Meer, mit Terrasse. Mediterrane Küche. Ab 3500 Pts.

Wer die Möglichkeit hat, selbst zu kochen, sollte unbedingt **frischen Fisch** in den *pescaderías* gegenüber der Fischbörse kaufen.

Fiesta Patronal de la Santísima Sangre vom 8.–16. Juli mit Stiertreiben *Bous a la mar*. **San Roc,** 14.–16. Aug., das Fest der Mauren und Christen. **Folkloremusik** in der Burg am Freitag (nur im Sommer).

Busse: Busbahnhof an der Pl. Archiduque Carlos, 4. Ubesa-Busse, Tel. 966 43 50 45, nach Alicante und Valencia mit Halt in den wichtigsten Küstenorten. Stadtbusse pendeln zwischen dem Zentrum und den Stränden.
Züge: FGV-Züge ab Passeig del Saladar, Tel. 965 78 04 45. Der *Trenet* (Abfahrt nahe Infoamt) fährt entlang der Küste nach Alicante.
Fähren: tgl. nach Ibiza mit Balearia um 9, 17, 21, im Winter 21 Uhr, Tel. 902 16 01 80, und Pitra um 7, 19, im Winter nur um 19 Uhr, Tel. 966 42 31 20. Ca. 4 Std. Fahrt.
Taxi: Tel. 966 42 44 44.
Mietwagen: Avis, Ctra. Les Marines, 10, Tel. 965 78 50 11.
Europcar: Passeig Saladar, Tel. 966 43 08 76

Elx/Elche

Lage: D 9
Einwohner: ca. 190 000

Parks und Gärten voller Dattelpalmen, rund 400 000 an der Zahl, bilden einen exotischen Grüngürtel rund um die Stadt, die in einer

Der Palmenwald von Elx

Ein exotischer Anblick: Der mit rund 400 000 Exemplaren größte Dattelpalmenhain Europas macht aus Elx (Elche) eine grüne Oase. In größeren Beständen kommt die Dattelpalme v. a. im afrikanisch-asiatischen Wüstengürtel vor, doch scheint sie auch in Elx, einer der heißesten Zonen Spaniens, recht gute Standortbedingungen vorzufinden. Im großen Stil kultiviert wurde sie hier von den Arabern: Der Palmenhain von Elx zählt zum Erbe der maurischen Zivilisation in Spanien. Manche Exemplare sind bis zu 200 Jahre alt und 30–40 m hoch. Erntezeit der Datteln ist der Spätherbst, doch bekommt man die süßen Früchte das ganze Jahr über.

fruchtbaren Ebene am Riu Vinalopó liegt. Der Ort geht auf das iberische Ilici zurück und ist Fundstätte der *Dama d'Elx* (s.u.). Später war es römische Kolonie, dann maurisch beherrscht. Elx ist heute ein Zentrum der spanischen Schuhfabrikation.

Im Stadtzentrum stehen die sehenswerten Baudenkmäler nah beieinander: Der Altamira-Palast aus dem 15. Jh. am Rande des palmenbestandenen Stadtparks, heute Sitz des Archäologischen Museums; die blau überkuppelte, barocke **Basílica de Santa María** (17. Jh.); die **arabischen Bäder** (12. Jh.) im Convento de la Merced; der almohadische Festungsturm **La Calaforra/Calahorra**; und schließlich die **Casa de la Villa** aus dem 15. Jh. Sie beherbergt das Rathaus und besitzt einen Uhrturm, an dem zwei Holzfiguren namens Calendura und Calendureta die Uhrzeit anschlagen.

Museu Arqueològic Municipal: Diagonal del Palau, s/n, Tel. 965 45 36 03, Di–Sa 10–13, 16–19, So 10–13 Uhr.

Im Palau de Altamira, einst Sitz der Grafen von Altamira, sind Exponate der Bronze- und Kupferzeit, v.a. aber der iberischen, römischen und arabischen Epoche zu sehen. Herausragend ist die Reproduktion der *Dama d'Elx*, ihr Original befindet sich im Archäologischen Nationalmuseum in Madrid (s.u.).

Hort/Huerto del Cura: Porta de la Morera, 49, Tel. 965 45 19 36, tgl. ab 9 Uhr, bis 18 bzw. 20 Uhr (im Sommer), 300 Pts.

Der sogenannte Priestergarten ist ein botanischer Garten mit rund 1000 Palmen und anderen mediterranen und subtropischen Pflanzenarten. Eindrucksvollster Baum ist die rund 150 Jahre alte achtarmige **Palmera Imperial**.

Museu Monogràfic de l'Alcudia: 2 km südlich Richtung Dolores, Tel. 965 45 96 67, Winter: Di–Sa 10–17, So 10–14 Uhr, Sommer: Di–Sa 10–14, 16–20, So 10–14 Uhr, 400 Pts.

Die archäologische Stätte, die seit dem Neolithikum besiedelt war, ist Fundort der berühmten Kalksteinbüste der *Dama d'Elx* aus dem 5. Jh. v. Chr., einer eleganten Dame mit schwergliedrigem Schmuck, deren Gestaltung an griechische Skulptur erinnert.

 Oficina Municipal de Turismo: Plaça del Parc, s/n, Tel. 965 45 27 47.

 Candilejas: Doctor Ferrán, 19, Tel. 965 46 65 12, Fax 965 46 66 52, günstig/moderat.
Etwas außerhalb vom Zentrum (zu Fuß 15 Min.) über die Brücke Pont de Santa Teresa. Zimmer mit Bad.
Huerto del Cura: Porta de la Morera, 14, Tel. 965 45 80 40, Fax 965 42 19 10, teuer/ Luxus.
Idyllisches Wohnen inmitten von Palmen, in mehreren Bungalows in Gartenanlagen. Sondertarife an Wochenenden.

Subtropik im Huerto del Cura

Parque Municipal: Parque Municipal, s/n, hinter dem Touristenbüro, Tel. 965 45 34 15.
In der reizvollen Umgebung des Stadtparks Palmeral del Parc. Spezialität sind Reisgerichte.
La Finca: Partida Perleta, 1–7, Tel. 965 45 60 07, So (abends) und im Jan. geschl.
Abzweig von der Straße zum Flughafen von L'Altet bzw. von der Straße Elx-Santa Pola. Beste mediterrane Küche in einem Landhaus.

Beim Hort/Huerto del Cura werden **Datteln, Korbwaren u.ä.** aus Palmblättern angeboten. Auf der anheimelnden Pl. Fruita bekommt man bei **La Alacena del Flare** Delikatessen wie Wurst, Schinken, Käse, Wein und köstliche Süßwaren.

Palmsonntag: Prozession mit weißen Palmblättern, die schon Tage zuvor auf der Pl. de Baix verkauft werden. **Misteri**

d'Elx: Ein Ereignis sind die Mysterienspiele von Elx am 14./15. Aug. (Sonderaufführungen auch vom 11–13. Aug.). Das in der mittelalterlichen Tradition stehende liturgische Musikdrama über Tod, Himmelfahrt und Krönung Mariä wird in der Basílica de Santa María in Valencianisch – und ausschließlich von männlichen Laiendarstellern – aufgeführt. Feuerwerk leitet dann über in die Nit de l'Albà und die Nit de la Roà.

Nahverkehrszug der Linie C-1 nach Alicante und Orihuela. **Busse** zu den Küstensiedlungen La Marina, Arenales del Sol, Santa Pola und Guardamar del Segura.

Gandia

Lage: F 7
Einwohner: ca. 60 000

Gandia wurde im 13. Jh. Sitz eines Herzogtums, das seit dem 15. Jh. untrennbar mit dem Namen Borja

Gandia

Gandia: einst streng religiös, heute ausgelassen sportlich

verbunden ist, eines Geschlechts, das einen Heiligen, Sant Francesc de Borja, sowie mehrere Päpste hervorbrachte. Eines Geschlechts, das nicht nur für die glanzvollste Epoche der Stadtgeschichte steht, sondern auch als Symbol von Macht, Korruption und strenger Frömmigkeit gilt. Der zum General des Jesuitenordens ernannte heilige Francesc de Borja ist der Stadtpatron Gandias. In den engen Gassen der alten Herzogsstadt herrscht im Sommer reger Betrieb, wenn die Feriengäste des 4 km entfernten Platja Gandia (El Grau/Grao) zu einem Kulturausflug kommen und mittags die Regionalspezialität *fideuà* probieren, eine Nudelpaella. In Platja Gandia, das einen Fischer- und Sporthafen besitzt, türmen sich Hotels und Apartmentblocks zu einer langen Betonbarriere entlang der ebenso langen Promenade und der schönen Sandstrände auf.

Palau Ducal: C. Sant Duc, s/n, Führungen Mo–Fr um 11 und 18 Uhr. Im Winter um 17 Uhr. Sa nur vormittags. 250 Pts. Das Markenzeichen Gandias, der um einen Innenhof angelegte herzogliche Palast in einem Stilgemisch von Gotik und Renaissance, besitzt prachtvolle Räume, darunter den Kronensaal und den Goldenen Saal, nicht zu vergessen die Porzellansammlung des 18. Jh. aus Manises. Der Palast befindet sich in der Obhut der Jesuiten.

Im Zentrum, an der Pl. de la Constitució mit einem Denkmal Francesc de Borjas, stehen das **Rathaus** mit klassizistischer Fassade (18. Jh.) und die zwischen 1250 und 1520 errichtete **Stiftskirche** (Col.Legiata) im Stil der katalanischen Gotik.

Platja Gandia überrascht mit einem der schönsten Strände der gesamten valencianischen Mittelmeerküste (etwa 8 km). Richtung Cullera schließen sich die Feinsandstrände **Platja de Xeresa** und **Platja de Tavernes** an.

Xàtiva: 44 km entfernt, im Landesinnern. Die burgbekrönte 25 000-Einwohner-Stadt, einst römische, dann arabische Siedlung, Geburtsort der Päpste Alexander VI. und Calixtus III. aus dem Geschlecht der Borja sowie des Malers Josep de Ribera, steht unter Denkmalschutz. Wichtige Monumente sind die Stiftskirche La Seu de Santa María (15./16. Jh.), das alte Hospital mit Renaissanceportal, das Rathaus, die Kirche Sant Pere und die kleine Ermita de Sant Feliú (13. Jh.). Im Museu l'Almudí/Museu Municipal (Winter Di–Fr 10–14, 16–18, Sa, So 10–14, Sommer Di–So 14.30 Uhr) mit archäologischen Exponaten und Gemälden gewinnt man Einblicke in die Kulturgeschichte Xàtivas. Das im 18. Jh. veränderte maurische Castell über der Stadt steht auf römischen Fundamenten. Eine charmante Unterkunft ist die Hostería de Mont Sant am Aufgang zur Burg (Tel. 962 27 50 81, Fax 962 28 19 05, teuer), ein 7-Zimmer-Hotel in einem ehemaligen Zisterzienserkloster mit Garten.

Reizvoll ist eine Tour zum **Racó del Duc** bzw. zum **Barranc de l'Infern** (Höllenschlucht). Auf einer Länge von 12 km wandert man entlang der ehemaligen Eisenbahnlinie Gandia-Alcoi von Villalonga nach L'Orxa durch eine reizvolle Gebirgs- und Felslandschaft mit dem Riu Serpis, teils durch Tunnel (genaue Unterlagen im Touristenbüro).

Tourist Info: C. Marqués de Campo, s/n, Tel. 962 87 77 88. Im Sommer ein weiteres Infobüro am Strand.

Bayren I: Passeig Marítim Neptú 62, Tel. 962 84 03 00, Fax 962 84 06 53, teuer.

Renovierter Hotelklassiker direkt am Strand. Zimmer mit Klimaanlage und Balkon, schöner Garten mit Pool.

Außerhalb

La Casa Vieja: Horno, 4, Tel./Fax 962 81 40 13, in Rugat, 23 km von Gandia, moderat. Mini-Landhotel mit fünf Zimmern, von der schottischen Besitzerin liebevoll ausgestattet, in einem Dörfchen Richtung Albaida. Das Haus ist über 300 Jahre alt, besitzt einen kleinen Pool und einen Salon mit Kamin.

Platja Gandia ist für seine *marisquerías* mit qualitätvoller Mittelmeerküche und frischem Fisch bekannt: **El As de Oros** liegt direkt an der Meerpromenade, **Kayuko** in der C. Formentera 26, unweit der Promenade, und **La Gamba** (nur mittags) am Ortsausgang von Gandia Platja Richtung Xeraco. Empfehlenswert ist der **Hogar del Pescador** direkt an der Fischereimole. In der nahen C. Verge findet man gute Restaurants und Bars.

Venta Toni: 6 km Richtung Albaida, kurz vor Rótova, Tel. 962 83 53 49, Mo und zweite Novemberhälfte geschl. Im rustikalen Landgasthaus gibt es Traditionsküche mit kreativen Akzenten. Angegliedert ist eine Terrasse.

Man trifft sich in den Bars und Disco-Pubs an der Pl. del Temple am Ende der Strandpromenade Passeig Marítim Neptú und an der Pl. del Castell, an der Straße von Platja Gandia nach Xeraco.

Fallas: 16.–19. März. In der **Karwoche** gibt es Prozessionen.

Renfe-Nahverkehrszüge
der Linie 1 Richtung Valencia. **Busse** nach Alicante, von Gandia häufige Verbindungen nach Platja Gandia und El Grau. Neben dem Bahnhof fahren Busse zu den Dörfern der Umgebung ab.

Guardamar del Segura

Lage: D/E 10
Einwohner: ca. 8000

Hauptattraktion des Orts ist die Dünenlandschaft der *Dunas de Guardamar* an den schönen Stränden. Um 1900 begann man Pinien, Eukalyptus und Palmen zu pflanzen, um die Wanderschaft des Dünengürtels zu unterbinden. So entstand eine reizvolle Küstenszenerie mit Parklandschaften. Neben so viel Natur findet man zwar auch Historisches, jedoch eher versteckt: im Parque de Alfonso XIII. gibt es neben der maurischen Ruine La Rábita Califal (9./10. Jh.) die Spuren einer phönizischen Nekropole. In der Casa de Cultura die 1987 entdeckte iberische Kalksteinbüste der *Dama de Guardamar* aus dem 4. Jh. v. Chr. (Original im Museo Arqueológico von Alicante). Und der Burgberg trägt noch die Reste eines mittelalterlichen Castillo. Sehr schmackhaft sind übrigens die örtlichen Langusten und Glasaale.

Breite Strände mit feinem, goldfarbenen Sand erstrecken sich über 14 km. Die Dünenlandschaft der Dunas de Guardamar liegt südlich bei den Platges **Les Ortigues, El Campo** und der **Platja dels Vivers.** FKK-geeignet ist der Strand **Los Tusales.**

Golf & Country Club La Marquesa: Ctra. de Guardamar-Rojales, in Ciudad Quesada, Tel. 966 71 42 58, Fax 966 71 42 67. 18-Loch-Platz mit Vermietung von Golfausrüstungen, 5 km außerhalb. Restaurant und Pool.

Hafen Marina de las Dunas: Der neue Sport- und Fischereihafen liegt etwas abseits der Mündung des Riu Segura. Erreichbar über den Park Alfonso XIII.

Dromentour: an der Mündung des Río Segura, nahe dem Hafen, Tel. 629 68 39 36. Bietet Ausritte auf Dromedaren an.

 Tourist Info: Pl. de la Constitución, 7, Tel. 965 72 72 92.

 Hotel Meridional: Av. de la Libertad, 64, Tel. 965 72 83 40, Fax 965 72 83 06, moderat/teuer. Direkt an der Platja de la Roqueta gelegen, mit herrlichem Balkonblick. Und die *arrocería* El Jardín verwöhnt mit Reis und Hummer.

Hotel Guardamar: Av. Puerto Rico, 11, Tel. 965 72 96 50, Fax 965 72 95 30, moderat/teuer. 100 m vom Ortsstrand. Von den Balkonen der 52 funktional ausgestatteten Zimmer blickt man aufs Meer. Pool und Restaurant.

Mar-Jal: Ctra. Alicante-Cartagena, km 73,4, Tel. 966 72 50 22, Fax 966 72 66 95. Gut ausgestatteter Platz an der Mündung des Río Segura. Restaurant, große Terrasse mit Meerblick, herrliche Schwimmbäder.

 Rincón de Pedro: Nicaragua, 2, Tel. 965 72 80 95, Mi im Winter geschl.

Beliebtes Restaurant nahe der Platja de la Roqueta: Reisgerichte, Meerestiere und Gemüse.
Vilorens: Ctra. Rojales-Guardamar, km 3, Tel. 966 71 54 72, Mo und im Nov. geschl.
Regionale Küche in einem 200 Jahre alten Landhaus: Lamm, Kaninchen, Paella.

 Markt am Mi vormittag in den Gassen bei der Kirche: Obst, Wurstwaren, Kleidung.

 Fiesta de Moros y Cristianos: in der zweiten Julihälfte, mit Festumzug, einer nachgestellten Eroberung der Burg sowie Attacken vom Meer.

Busse der Gesellschaft Autocares Costa Azul nach Torrevieja, Santa Pola und Alicante. Vegabus nach Elx. La Agostense nach Orihuela und zu den Dörfern der Umgebung.

Moraira-Teulada

Lage: G 8
Einwohner: ca. 9000

Die Gemeinde besitzt zwei ganz verschiedene Ortskerne: Moraira an der Küste ist vom Ferienbetrieb und dem kleinen Fischereihafen geprägt, während Teulada 6 km landeinwärts inmitten von Landwirtschaftskulturen und Weinfeldern liegt und mit seinen engen Gassen noch maurische Struktur besitzt. Dort sollte man sich die Sala de Jurats i Justicies aus dem 17. Jh. und die Wehrkirche Santa Caterina im Renaissancestil ansehen. An der Küste steht am Cap d'Or ein Wachtturm aus dem 16. Jh., die Burg von Moraira stammt aus dem 17. Jh.

 Feinsandige Strände unterhalb der Burg und in der muschelförmigen **Platja del Portet.** Schöne Felsbuchten Richtung Xàbia und Calp, z. B. **Cala Moraig** (von Benitatxel 5,5 km über Cumbre del Sol, dort ausgeschildert).

Tourist Info: Edificio Kristal-Mar, 22A, Ctra. Moraira-Calpe, Tel. 965 74 51 68.

Costera del Mar: Mar del Norte, 4, Partida Port, Tel. 966 49 03 51, Fax 966 49 03 50, moderat/teuer. Das kleines Aparthotel (16 Zimmer) mit Pool liegt in einem Wohnviertel, 1 km vom Hafen.
Swiss Hotel Moraira: Haya, 175, Urbanización Club Moraira, Tel. 965 74 71 04, Fax 965 74 70 74, teuer/Luxus. Ruhiges Haus im mediterranen Stil (18 Zimmer), einigen Suiten; große Betten, Balkon zum Garten, Pool.
Albergue Juvenil La Marina: Camino del Campamento, 31, Partida Cometa, Tel. 966 49 20 30. Neubau im traditionellen Stil, 1,5 km vom Hafen. Zimmer mit Bad.

Camping Moraira: Camino del Paellero, 50, Partida Cometa, Tel. 965 74 52 49, Fax 965 74 53 15. Bei km 1,3 der Straße Moraira-Calp, 400 m vom Strand. Ruhige Lage zwischen Pinien, gute Ausstattung. Mit Tauchzentrum.
La Cometa: Camino del Campamento, 5, Partida Cometa, Tel. 965 74 52 08. Bei der Jugendherberge, 100 m vom Strand, mit Pinien.

 Die Restaurants gegenüber dem Club Náutic stellen im Sommer ihre Tische nach draußen. Sie servieren Reis, Fisch und Meeresfrüchte, auch als *raciones*. In den Strandrestaurants an der Platja Portet, Richtung Cap d'Or, ißt man zu unvergleichlichen Ausblicken über die Bucht und auf den Penyal d'Ifac.

Die **Cooperativa Agrícola San Vicente Ferrer** in Teulada verkauft den lokalen Wein.

In Teulada gedenkt man am Mo nach Ostermontag des Besuchs von **Sant Vicent Ferrer**, dessen Schwester hier lebte. **Festes de Moros i Cristians:** am zweiten Juniwochenende. **Verge dels Desamparats i Verge del Carme**. 15./16. Juli.

Busse der Gesellschaft Ifach befahren die Strecke Moraira-Teulada-Calp. Von Teulada verkehren Busse nach Alicante und Valencia. Teulada ist Haltestation des Schmalspurzugs *Trenet*.

Morella

Lage: F 1
Einwohner: ca. 3000
Extra-Tour 1: s. S. 85

Am Rand des Maestrat/Maestrazgo, im Länderdreieck Valencia, Aragón und Katalonien, beherrscht Morella von einem 1000 m hohen Hügel die Landschaft ringsum. Wie eine uneinnehmbare Festung wirkt es von weitem: überragt von einer Burg, eingefaßt von einer 2,5 km langen Stadtmauer mit 14 Türmen und sechs Toren (14. Jh.). Zusammen mit den mittelalterlichen Palästen, den Kirchen, Plätzen und krummen, abschüssigen Gassen machen sie aus Morella ein denkmal-

geschütztes Gesamtkunstwerk. Sobald man eines der Stadttore durchschritten hat, fühlt man sich in ein Museum des Mittelalters versetzt. Wie die umliegenden Bergdörfer leidet Morella darunter, daß es die jungen Leute wegzieht – an die Küste, wo es Arbeit gibt.

Castillo: tgl. 10.30–18.30, im Sommer bis 19.30 Uhr. Das Kastell von Morella wurde im 13./14. Jh. aus den Ruinen einer älteren arabischen Anlage wiedererbaut. Es liegt auf dem höchsten Punkt des Ortes und bietet eine großartige Rundumsicht.
Basílica de Santa María: tgl. 12–14, 16–18/19 Uhr, Sa, So und an Feiertagen ab 11 Uhr. Ein Kirchenbau aus dem 13. Jh. im Stil der valencianischen Gotik. Im Innern sind Chor und Chortreppe sowie das kleine Kirchenmuseum sehenswert.
Museos Tiempo de Dinosaurios, de Historia y de Imagen: in Dependencen der Stadtmauern, Di–So 11–14, 16–19 Uhr (im Winter bis 18 Uhr, die letztgenannten Museen nur Sa/So). Stadtmuseum mit drei Sektionen: Fossilien des Iguanodon, Exponate zur Geschichte von der Vorgeschichte bis zu den Karlistenkriegen und Dokumente zum Volksbrauchtum, v. a. zum Sexeni-Fest.

Morella ist idealer Ausgangsort für **Wanderungen** in abgeschiedener wilder Berglandschaft. Die Tourist Info stellt für Touren Unterlagen zur Verfügung. **SportVerd**, Sant Julià, 52, Tel. 964 17 32 51, Fax 964 16 02 15. Abenteuersport-Angebote, z. B. Klettern, Abstiege in Schluchten, Höhlenerkundungen, Mountainbiketouren und Wanderungen.

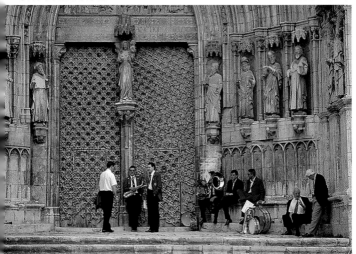

Valencianische Gotik in Morella: die Basílica de Santa María

 Tourist Info: San Miguel, s/n, Tel. 964 17 30 32.

 Cases de Morella, Pl. de Sant Miquel, 3, Tel. 964 17 31 17, günstig. Vermittlung von Landhäusern (auch Führungen, Ausritte etc.).

Cardenal Ram: Cuesta Suñer, 1, Tel. 964 17 30 85, Fax 964 17 32 18, moderat. 19 Zimmer und 2 Suiten in einem Herrenhaus des 16. Jh., in dem Dekoration und Ambiente die damalige Zeit wiederaufleben lassen.

Außerhalb
Fábrica de Giner: Ctra. Morella-Forcall, km 4,5, Tel. 964 17 31 42, Fax 964 17 75 56, moderat. Zum Hotel umfunktionierte Textilfabrik des 19. Jh. an einem Fluß, mit schönen Gärten und Pool.

Jugendherberge: Ctra. Morella-Forcall, km 4,5, Tel. 964 16 01 00. Der Albergue Juvenil Francesc de Vinatea beim Hotel Fábrica de Giner (s.o.) wurde in den ehemaligen Arbeiterunterkünften der Fabrik eingerichtet.

Casa Roque: Segura Barreda, 8, Tel. 964 16 03 36, außer im Sommer Mo geschl. sowie im Nov. Auf den Tisch kommen die Spezialitäten der Region. Das Trüffelgefüllte Lamm kostet z. B. 2500 Pts. Menüs gibts dagegen schon für 1500 Pts.

El Mesón del Pastor: Cuesta Jovaní, 5–7, Tel. 964 16 02 49, Mi und letzte Juniwoche geschl. Lokale Spezialitäten in einem ortstypischen Haus: Kroketten, Käse sowie Grillfleisch.

Mesón de la Villa: Pl. Mayor, 6, in Forcall, Tel. 964 17 11 25, außer im Sommer So abend geschl. sowie im Okt. Deftige Gebirgsküche – Gegrilltes, Eintöpfe, Dickmilch – in einem Haus aus dem 15. Jh.

Lokale Produkte – Käse, Wurst, Schinken, Honig, Safran, Olivenöl – sowie **Naturkosmetik** und im Ort hergestellte **Decken** bekommt man in den Geschäften an der Hauptstraße.

Konfettiregen zu Ehren der Jungfrau Vallivana

Sexeni: Morellas berühmtes Fest zu Ehren der Mare de Dèu de la Vallivana geht auf das Jahr 1673 zurück und wird nur alle sechs Jahre im Aug. gefeiert (nach 2000 wieder 2006). Tgl. Tanzvorführungen der verschiedenen Gewerbe und Zünfte. Jeweils im Jahr vorher gibt es das **L'Anunci-** (Ankündigungs-) **Fest,** mit Paraden. Jährlich am ersten Sa im Mai **Wallfahrt** zum Heiligtum der Jungfrau von Vallivana (s. S. 85).

Busse nach Vinaròs und Castelló Mo–Fr um 7.30 und 16 Uhr, Umsteigen in Sant Mateu. Sa nach Castelló um 7.30 Uhr.

Oliva

Lage: F 7
Einwohner: ca. 21 000

Der alte Ortskern des Städtchens verdient mit den Kirchen **Santa**

María la Major (18. Jh.) und **Rebollet** – mit einem Sockel aus Azulejos – sowie dem moriskischen **Raval-Viertel** mit seinen krummen Gäßchen durchaus einen Besuch. An der wenige Kilometer entfernten Küste befindet sich eine Feriensiedlung mit Sporthafen. Die langen, schönen Sandstrände sind teils dünengesäumt. Die Feuchtzone des Naturparks Marjal de la Oliva-Pego südlich von Oliva ist ein Refugium für Zugvögel.

Tourist Info: Passeig Lluis Vives (Parc de l'Estació), Tel. 962 85 55 28.

Oliva Nova Beach & Golf Hotel: Partida Aigua Morta, s/n, Urbanización Oliva Nova Golf, Tel. 962 85 33 00, Fax 962 85 51 08, teuer.
178 Zimmer gegen-über dem dünengesäumten Strand. Eine komfortable Anlage rund um mehrere Pools, mit 18-Loch-Golfplatz des Club de Golf Oliva Nova.

An der Küste reihen sich acht gute Plätze mit schattenspendenden Bäumen und Zugängen zum Strand aneinander, einige davon in der Dünenzone.

Orihuela

Lage: D 10
Einwohner: ca. 51 000

Die schon in römischer und arabischer Zeit bedeutende Stadt liegt rund 30 km von der Küste entfernt am Unterlauf des Riu Segra, der eine fruchtbare Vega bewässert. Neben Gemüse, Orangen und Zitronen gedeihen hier Baumwolle, Mandel- und Olivenbäume.

Nördlich der Stadt erstreckt sich ein halbmondförmiger Palmenhain. Seit 1564 ist sie Bischofssitz; die große Zahl an Kirchen und Klöstern verleiht ihr den Charakter eines Horts der Frömmigkeit.

Catedral de San Salvador: Pl. Salvador und Pl. Teniente Linares, Mo–Fr 10.30–13, 16.30–18, Sa 10.30–13 Uhr, im Sommer nachmittags eine Stunde zeitversetzt.

Die Kathedrale wurde ab dem 14. Jh. im Stil der katalanischen Gotik über den Resten einer Moschee errichtet. Innen schmückt sie ein Altaraufsatz aus getriebenem Silber, ein kunstvolles Chorgestühl und schmiedeeiserne Gitter. Den Kreuzgang des einstigen Mercedarier-Klosters gliederte man 1942 an. Durch ihn gelangt zum Kathedralenmuseum mit religiösen Gemälden, u. a. von Velázquez. Gleich nebenan steht der barocke **Bischofspalast** (18. Jh.).

Convento de Santo Domingo: Adolfo Calatrava, s/n, tgl. 11.45–12.30, 15.45–16.30 Uhr.

Das Renaissancekloster, heute eine Schule, aus dem 16. Jh. beherbergte von 1610 bis in das 19. Jh. hinein eine Literarische Universität. Den Kreuzgang im Renaissancestil nutzten die Augustinermönche, während der barocke den Studenten vorbehalten war. Im Refektorium kann man Kachelkunst aus Manises (18. Jh.) bewundern. Unweit des Klosters befindet sich die **Puerta de Crevillente**, eines der verbliebenen Tore der ehemaligen Stadtmauer.

Casa-Museo de Miguel Hernández: Miguel Hernández, 73, Mo–Fr 10.30–13, 16.30–18, Sa 10.30–13 Uhr.

Haus vom Anfang des 20. Jh. des gleichnamigen Autors.

Sehenswert sind auch die gotische **Iglesia Santas Justa y Rufina** (14./15. Jh.) und die ebenfalls gotische **Santiago-Kirche** (15. Jh.), die für den gleichnamigen Ritterorden errichtet wurde.

Tourist Info: Francisco Die, 25 (im Palacio de Rubalcava), Tel. 965 30 27 47.

Attraktive Unterkünfte besitzt Orihuela-Stadt nicht. An der zur Gemeinde gehörigen Küste empfehlen sich die Hotels **La Zenia** und **Montepiedra** (s. S. 70).

 Casa Corro: Av. Dr. García Rogel, s/n, Tel. 965 30 29 63, Mo nacht und zweite Augusthälfte geschl. Lokal neben dem Palmeral de San Antón mit regionaler Landküche.

Semana Santa: Karsamstagsprozession zur Grablegung Christi mit dem Bildnis der Diablesa (17. Jh.), einer dämonischen weiblichen Figur, die nicht in die Kirchen eingelassen wird. Im Museo de la Semana Santa kann man sie sehen: Pl. de la Merced, 1, Mo–Fr 10.30–13, 16.30–18, Sa 10.30–13 Uhr.

Nahverkehrszug der Linie C-1 nach Elx und Alicante. **Busse** von Autocares Costa Azul zu den Urbanisationen der Küste und nach Torrevieja.

Oropesa del Mar

Lage: G 2/3
Einwohner: knapp 3000

Die kleine Sommerfrische besitzt einen alten Ortskern auf einem landeinwärts gelegenen Hügel, den die Ruinen eines arabischen Kastells beherrschen. Das Gassengewirr des *casco antiguo* verdient einen Besuch, wenngleich die Hauptattraktion von Oropesa zweifelsfrei die schönen Strände sind, v. a. die muschelförmige Bucht Platja de la Concha. Sie scheinen auch dem spanischen Ministerpräsidenten José María Aznar zu gefallen, denn er verbringt seine Ferien in Oropesa. Am Weg zum Leuchtturm aus dem 19. Jh. liegt die Torre del Rey, ein Wachtturm aus dem 16. Jh.

Ein Felsen mit Leuchtturm unterteilt die feinsandigen Strände **Platja de la Concha** und **Platja Morro de Gos**. Nördlich schließt sich die **Platja Amplaries** an.

Club de Campo del Mediterráneo: 20 km entfernt in Borriol, in der Urbanización la Coma, Tel. 964 31 12 40, Fax 964 31 32 84.
18-Loch-Golfplatz und andere Sportanlagen. Apartmentvermietung bei Mindestaufenthalt von sieben Tagen.

Prat de Cabanes-Torreblanca: Dieser Naturpark nördlich von Oropesa am Meer, zwischen den Stränden Torre la Sal und Torrenostra, ist ein Feuchtgebiet, in dem man wandern kann. Der Weg längs der Küste ist 7 km lang. Weitere Wanderbeschreibungen hält die Tourist Info bereit. Die Strände von **Torre la Sal** beim Dörfchen Ribera de Cabanes und von **Torrenostra**, den Hostales und Campingplätze säumen, sind ruhig und angenehm. Beim Bauerndorf **Cabanes**, 12 km landeinwärts, stehen die Reste eines römischen Triumphbogens.

Tourist Info: Av. de la Plana, 4, Tel. 964 31 22 41. Saisonal öffnen auch Büros an der Platja de la Concha und im Rathaus.

Neptuno: Paseo de la Concha, 1, Tel. 964 31 00 40, Fax 964 31 00 75, moderat/teuer. Strandnaher, familiärer Hotelblock mit funktionalen Zimmern; Balkone teils mit Meerblick.
Marina D'Or: Paseo Mar Mediterráneo, s/n, Tel. 964 31 10 00, Fax 964 31 32 84, teuer.
Das Strandhotel an der Platja Morro de Gos gehört zusammen mit Apartments und einer kleinen Urbanisation im mediterranen Stil zu einer Anlage, die sich *ciudad de vacaciones* (Ferienstadt) nennt.

Insgesamt 14 Campingplätze, nicht alle ganzjährig geöffnet, säumen die Platja Morro de Gos jenseits der Ferienanlagen von Marina D'Or.

Torre del Rey: Paseo Marítimo la Concha, 29, Tel. 964 31 02 22, Juni–Sept. geöffnet.
Reizendes Lokal mit internationaler Küche und lokaltypischen Fischgerichten. Um 2500–3000 Pts.
El Pescaíto: Club Náutico Oropesa, Tel. 964 31 26 00.
Reis- und Fischgerichte mit Blick auf den Sporthafen.
Rodrigo: Edificio Las Vegas, s/n, Tel. 964 31 01 68.
Auf der beliebten Restaurantterrasse beim Leuchtturm werden Schnecken, Langusten und Grillteller serviert.

Im alten Ortskern findet man in den Straßen Ramón y Cajal sowie Hospital mehrere **Antiquitätengeschäfte.**

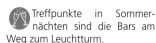

Treffpunkte in Sommernächten sind die Bars am Weg zum Leuchtturm.

Nit de Sant Joan am 23. Juni, mit nächtlichen Johannisfeuern an der Platja Morro de Gos. **Sant Jaume**, 21.–25. Juli; zur Erinnerung an die Überfälle des Piraten Barbarossa auf die Stadt im 16. Jh. **Virgen de la Paciencia**, am ersten So im Okt.

Tgl. **Busse** nach Castelló und Vinaròs durch die wichtigsten Küstenorte. Ein **Zug** fährt vom Renfe-Bahnhof auf der Linie Castelló-Valencia-Barcelona.

Peñíscola

Lage: G/H 1/2
Einwohner: knapp 4000

Was für eine Postkartenansicht bietet der kleine Felsenort bei Nacht! Das heutige Peñíscola hat eine lange Ahnengalerie, denn es war bereits von Phöniziern, Griechen, Karthagern, Römern und Arabern besiedelt. Doch seit sechs Jahrhunderten ist vor allem ein Name mit Peñíscola verbunden: Pedro Martínez de Luna, in Spanien »Papa Luna« genannt, regierte nach der Kirchenspaltung als Gegenpapst unter dem Namen Benedikt XIII. und fand hier sein Refugium. Die Zone zwischen dem kleinen umwallten Ortskern, Fischerhafen und Stränden wird seit langem vom sommerlichen Ferienbetrieb geprägt.

Castell del Papa Luna: Castillo, s/n, Winter: tgl. 10–13, 15.15–17.30 Uhr, Sommer: 9–14.30, 17–21.30 Uhr, 200 Pts.

Die Wehrburg beherrscht einen 64 m hohen Felsen, der aus dem Meer aufsteigt. Sie wurde ab 1294 über den Resten einer arabischen Zitadelle errichtet und bis 1307 vollendet. Das Beispiel spätromanisch-gotischer Militärarchitektur zeigt deutlich die Handschrift der Ritter des Templerordens. Seit 1411 verschanzte sich Papst Benedikt XIII. in der Burg, die er in einen Bischofspalast mit Bibliothek verwandelte.

Museu de la Mar: Principe, s/n, Tel. 964 48 16 03, tgl. 10–14, 16/17–18/21 Uhr, im Winter Mo geschl, 200 Pts. Das Museum innerhalb einer Befestigungsanlage ist eine Hommage an die Tradition des Küstenortes, unterteilt in die Sektionen Geschichte, Fischfang und Tierwelt (mit drei großen Aquarien).

Die feinsandige **Platja Nord** erstreckt sich über mehrere Kilometer vor dem Ort. An die kleinere **Platja Sud** südlich des Hafens schließt sich eine felsigere Zone mit Badebuchten an.

Wassersportangebote an der Platja Sud beim Hafen. Zu **Wander- und Radtouren** im Küstenbereich wie in der Serra d'Irta hält die Tourist Info Unterlagen bereit. **Golfen:** s. Club de Golf Panorámica, Vinarós, s. S. 79.

Morella und das **Maestrat-Gebirge:** s. Extra-Tour 1, S. 84. Súper Bonanza, Tel. 964 48 06 44, führt im Sommer **Schiffsreisen** entlang der Küste und zu den Illes Columbretes durch. Boote zum Delta del Ebro.

Tourist Info: Passeig Marítim, s/n, Tel. 964 48 93 92, an der Strandpromenade.

Peñíscola

Altstadt und Burg von Peñíscola

Hostal Residencia Simó:
Porteta, 5, an der Platja Nord
Tel./Fax 964 48 06 20, günstig/moderat, 16. Sept.–Ende Febr. geschl.
Einfaches Hostal mit 11 Zimmern unterhalb des Kastells. Die schönsten Zimmer haben Balkone mit Meerblick. Mit Restaurant.
Benedicto XIII: Dinamarca, 2, in der Urbanización Las Atalayas,
Tel. 964 48 08 01,
Fax 964 48 95 23, moderat,
15. Okt. bis Karwoche geschl.
Zimmer für 2–4 Personen, auf einer Felsnase mit Panoramaaussicht; ruhige Lage in einer Wohngegend, mit Pool.
Peñíscola Palace: Av. del Papa Luna, 34, Tel. 964 48 09 12,
Fax 964 48 09 37, teuer,
im Jan. geschl.
Ein funktionales Hotel mit 224 Zimmern und Pool in der ersten Reihe der Platja Nord.
Hostería del Mar: Av. del Papa Luna, 18, Tel. 964 48 06 00,
Fax 964 48 13 63, teuer.
Die Aussicht auf das Meer und die pittoreske Wehrburg sind ihr Geld wert. Zur Einrichtung im Stil des 13. Jh. passen die mittelalterlichen Bankette, die an Wochenenden gegeben werden.

Edén: Ctra. Benicarló-Peñíscola, km 6,
Tel. 964 48 05 62,
Fax 964 48 98 28.
Strandnah unter schattigen Bäumen, mit Pool. Verleih von wohnwagenähnlichen Häuschen..
Bellavista: die C. La Cova hinauf am Anfang der Av. de la Estación,
Tel. 964 48 01 35.
300 m vom Strand, mit kleinem Pool, Wohnmobilvermietung. Das Bellavista funktioniert zugleich als Motel mit Bungalowvermietung.

Auf dem Felsen und in der Altstadt von Peñíscola stolpert man geradezu über Restaurants, Bars und Tavernen, teils mit Meerblick, teils in malerischen Winkeln der Altstadtgassen gelegen. Oben im Ort bieten viele Tavernen Tapas und Sangría an.
Casa Jaime: Av. Papa Luna, 5, Tel. 964 48 00 30, im Sommer tgl. im Winter Mi und So. abend geschl.

Von der Terrasse schaut man auf den Strand und die Burg. Aufmerksamer Service, leckere Fische und frische Meeresfrüchte. Besonders zu empfehlen: ›Cazuela especial Jaime‹. Ab 4000 Pts.
Brisas: Cornisa del Port, 4, Urbanización Cerro-Mar, Tel. 964 48 01 25, 15. Juni–1. Okt. Herrliche Aussicht auf Meer und Hafen von der Restaurantterrasse. Spanische, französische und deutsche Küche.

Festes de la Mare de Dèu de l'Ermitana vom 7.–19. Sept. mit Traditionstänzen *(les danses)* und Fest der Mauren und Christen. **Wallfahrt** zur Einsiedelei des hl. Antonius So nach Ostern. **Festival Internacional de Cine de Comedia:** Festival des Komödienfilms um die erste Juniwoche.

Busse von/nach Benicarló, Vinaròs und Castelló. **Renfe-Züge** nach Castelló, Valencia und Barcelona ab Estación Benicarló-Peñíscola.

Sagunt/Sagunto

Lage: F 4
Einwohner: ca. 60 000

Sagunt besteht aus zwei gänzlich verschiedenen Ortskernen: Das Hafen- und Industrieviertel Port Sagunt, das erst um die Wende zum 20. Jh. entstand und seit der Schließung zahlreicher Fabriken 80 Jahre später auf den ersten Blick noch immer trostlos wirkt, entfaltet zwar an seinen 13 km langen Feinsandstränden sommerliches Leben, doch sind vorwiegend die Einwohner Sagunts und Valencias hier, die in Zweitwohnungen und Apartments die Wochenenden verbringen. Eher lohnt das 5 km landeinwärts gelegene historische Sagunt einen Besuch. Es war schon von den Iberern bewohnt, bevor sich der Karthager Hannibal und der Römer Scipio im 3. Jh. v. Chr. um den Ort – und die Vorherrschaft auf der Iberischen Halbinsel – stritten. Die Festungsanlage und das römische Theater bezeugen diese Zeit, während das alte jüdische Viertel an die spätere Herrschaft der Mauren erinnert.

Von der Pl. Cronista Chabret gelangt man mit wenigen Schritten zu den Laubengängen der mittelalterlichen **Pl. Major** und dem Stadttor **Porta d'Almudín**. Hier stößt man auf die **Esglesia de Santa María**, im 14. Jh. im Stil der valencianischen Gotik errichtet; doch besitzt sie neben zwei gotischen Portalen ein späteres barockes Tor. An der Apsis sieht man noch Mauerreste des römischen Diana-Tempels (5./4. Jh. v. Chr.), der 15 m lang und 4 m hoch war. Dahinter liegt unterhalb der Burg die **Judería**: Das einstige jüdische Viertel, das sich mit seinen krummen, torbogenüberspannten Pflastergassen und geweißelten Häusern an den Berg schmiegt, betritt man durch die Portalet de la Judería.
Römisches Theater und Castillo: Di–Sa 10–18/20, So und feiertags 10–14 Uhr, Eintritt frei, Sa und So Führungen.
Die C. Castillo führt zum römischen Theater (mit kleinem Museum) und dann weiter hinauf auf den Burgberg. Für ihr Theater machten sich die Römer im 1. Jh. eine Mulde im Hang zunutze, an dem die Ränge stufenförmig aufsteigen. Die Akustik ist so ausgezeichnet, daß man die Anlage

Klöster rund um Sagunt

Die Klöster bei Sagunt erinnern an die wechselvolle Geschichte der Reconquista. Im Jahr 1237 gründete Jaume I. von Aragón, der das Land Valencia von den Arabern befreite, das Kloster Santa María del Puig südlich von Sagunt. Es diente ihm als Bastion bei der Eroberung Valencias im Jahr 1238. Zwei weitere Horte des Glaubens sollten bei der Re-Christianisierung des Landes helfen: der Convento de Sancti Spiritu und die Cartuja de Porta Coeli mit einer Kirche aus dem 13. Jh. (E 4).

auch heute noch für Konzerte und Vorführungen nutzt. Das Theater wirkt allerdings stark rekonstruiert. Die Festung von Sagunt bedeckt einen Hügel der Serra Calderona, auf dem sich bereits eine iberische Siedlung befand, bevor die Römer ihr Saguntum ausbauten. Etwa 1 km lang sind die Mauern, an denen Iberer, Karthager, Römer und Mauren Hand anlegten und die außer den eigentlichen Wehranlagen sieben befestigte Plätze umschließen.
El Calvario: Der Kalvarienberg, unweit des Theaters, ist am Karfreitag Schauplatz einer Darstellung der Passionsgeschichte.

Die N 234 folgt dem Riu Palancia nach **Segorbe**

(E 3), dessen Stadtmauerreste ein mittelalterliches Ensemble mit Kathedrale, Bischofspalast und Burgresten einfassen. Ein Schauspiel ist das Fest der »Ankunft der Stiere und Pferde« Ende August. Ca. 1 km außerhalb am Fluß befindet sich die **Fuente de los 50 Caños** mit 50 Wasserspeiern, deren jede für eine der spanischen Provinzen steht. Auch im nahen **Navajas** muß man sich den historischen Kern um die ulmenüberschattete Pl. del Olmo anschauen, die Brunnen am Fluß und den 30 m hohen Wasserfall Cascada del Brazal.

Tourist Info: Pl. Cronista Chabret, s/n, Tel. 962 66 22 13.

Playa de Canet: Paseo 9 de Octubre, in Canet d'En Berenguer, Tel 962 60 78 02, Fax 962 60 93 80, moderat. Etwas nördlich von Sagunt gelegen, Zimmer mit Balkon, Pool.

Gut sind an der Av. del Mediterráneo in Port Sagunt **Belabarce** und **Plenamar.** In der Judería: **L'Armeler,** Castillo, 44.

Renfe-Züge ab Bahnhof (C. Estació) nach Valencia, Vinaròs. **Busse** ab Av. del País Valencià.

Santa Pola

Lage: E 10
Extra-Tour 5: s. S. 92
Einwohner: 17 000

Wenn gegen Abend die Fischer in den Hafen von Santa Pola zurückgekehrt sind, wird der Tagesfang in der Fischbörse versteigert. Anschließend treffen sich die Männer in der verrauchten Taberna del

Puerto. In Santa Pola, dem römischen Portus Illicitanus, dreht sich zwar noch immer alles um den kleinen Hafen, der schon so lange besteht, doch auch als Sommerfrische hat es eine gewisse Bedeutung erlangt, und in den Salinen südlich des Orts wird Salz gewonnen.

Castillo Fortaleza: Pl. de la Glorieta, s/n, Di–Sa 11–13, 16–19, So 11–13.30 Uhr.
Die Wehrburg steht – wie dies für die Militärarchitektur der Renaissance im 16. Jh. typisch ist – auf einem quadratischen Grundriß. Am Waffenhof liegen die Zisterne, die Capilla de la Virgen de Loreto und das Museo del Mar mit einer archäologischen und einer ethnographischen Sektion.

Feinsandstrände säumen die Küste beiderseits von Santa Pola. Südlich des Fischer- und Sporthafens beginnen sie mit der Gran Platja und der Platja Lissa. Kurz vor der **Platja del Pinet** liegt der Nudistenstrand **La Gola.** Im Norden, Richtung Cap de Santa Pola, folgen die **Platja del Levante**, die **Calas de Santiago Bernabeu** und die **Platja del Varadero** aufeinander. Zu den Stränden und Buchten vor der Urbanización Santa Pola del Este führen Rad- und Wanderwege. Weitere Strände erreicht man nördlich des Kaps längs der Küstenstraße Richtung Alicante, darunter den unbebauten, von Dünen gesäumten Strandabschnitt von **El Carabassí.** Die **Platja de Arenales del Sol** ist 5 km lang, aber teils häßlich bebaut.

Wassersportangebote im Sporthafen. Beim Leuchtturm bzw. am Kap von Santa Pola werden **Gleitfliegen, Drachenfliegen** und **Ballonfahrten** (Tel. 966 63 74 01) angeboten. Ideal für eine **Radtour** sind die Küstenstraße nach Norden und die Gegend um den Leuchtturm.

Illa de Tabarca: Bootsausflug zum idyllischen Inselchen s. Extra-Tour 4, S. 90f. **Salinentour,** s. Extra-Tour 5, S. 92.

Ein starker Wirtschaftszweig: Apfelsinen

Torrevieja

Río Safari: Ctra. Santa Pola-Elx, km 4, Tel. 966 63 82 88, tgl. 10.30–20 Uhr.
Flußsafaris in einem Park mit 6000 Palmen, mit Tigern, Löwen, Kamelen, Flußpferden und Krokodilsfarm. Im Sommer ist ein großes Freibad geöffnet.

Pola Park: unweit der N 332, südlich des Abzweigs nach Elx, Tel. 965 41 70 60, 1. Okt.–19. Juni Sa 17–23, So 12–22, 20. Juni–30. Sept. 19–2 Uhr morgens.
Vergnügungspark: Achterbahn, Rutschbahnen, Riesenrad u.ä., Burger-Restaurant und Snackbar.

Tourist Info: Pl. Diputación, s/n (beim El Palmeral-Park), Tel. 966 69 22 76.

Casa del Gobernador: Arzola, s/n, Illa de Tabarca, Tel./Fax 965 11 42 60, moderat.
Auf der kleinen Illa de Tabarca vor Santa Pola liegt dieses Hotel, in dem im 18. Jh. der Inselgouverneur residierte (s. S. 91).

Polamar: Platja Levante, 6, Tel. 965 41 32 00, Fax 965 41 31 83, moderat/teuer.
Am Strand unweit des Hafens, mit Gartenterrasse und Restaurant.

Rocas Blancas: N 332, km 17,2 Tel. 965 41 13 12, Fax 965 41 16 02, teuer.
Dank seiner Hanglage bietet das Hotel einen schönen Blick über die Bucht von Santa Pola.

Bahía de Santa Pola: Ctra. Santa Pola-Elx, km 1, Tel. 965 41 10 12.
1 km von der Küste, am Anfang der Straße nach Elx. Pool (nur im Sommer), Bar und Supermarkt.

Casa Moniato's: C. Sacramento/Alejo Bonmatí, Tel. 965 41 69 01.

Typischer Mesón mit herzhaften Tapas aus Iberischem Schinken, Reis, Fisch, Meeresfrüchten und Fleisch.

Varadero: Av. Santiago Bernabeu, s/n, Tel. 965 41 17 66.
Ein Haus im mediterranen Stil an der Platja del Varadero: Meeresfrüchte, Fisch in Salzkruste, Reisgerichte und *gazpacho de mero* (kalte Suppe mit Seehecht). Ca. 5000 Pts.

Miramar: Av. Fernando Pérez Ojeda, s/n, Tel. 965 41 10 00.
Ein Klassiker – mit Hafenblick von der Terrasse. Reisgerichte, Meeresfrüchte und Fisch.

Romería del Cap: Im Juni, Wallfahrt zur kleinen Einsiedelei der Virgen del Rosario am Cap de Santa Pola. **Virgen del Carmen:** 16. Juli, Fest der Fischer mit Meerprozession und Sardinenschmaus.

Busse: Autocares Baile fahren via Platja Arenales del Sol nach Alicante. Mehrmals tgl. mit Unternehmen Maya nach Elx. Außer So Ortsbusse zur Urbanización Santa Pola del Este.

Torrevieja

Lage: D 10
Extra-Tour 5: s. S. 92f.
Einwohner: 36 000

Torrevieja am Südrand der Provinz Alicante ist von Salinen umgeben. Die kommerzielle Salzgewinnung geht auf das 12. Jh. zurück, und die weißen Kristalle wurden bald in alle Welt exportiert. Die Schiffe von Torrevieja fuhren im 19. Jh. bis nach Cuba, und von dort brachten die Seeleute karibische Rhythmen mit nach Haus, die *habaneras,* die

Ausflug zum Mar Menor

Wo die Costa Blanca endet, beginnt die Costa Cálida, die »heiße« Küste der Provinz Murcia – nur einen Katzensprung von Torrevieja entfernt. Zum Auftakt präsentiert sie sich mit einem großen natürlichen Schwimmbecken, der Salzwasserlagune Mar Menor (»kleineres Meer«). Eine schmale, an einigen Stellen durchbrochene Nehrung trennt sie vom Mittelmeer. 22 km lang ist diese Landzunge – und fast ebensolang der Betonwall La Manga del Mar Menor, der von den überschaubaren Ferienorten der gegenüberliegenden Seeseite wie ein Schreckgespenst der Tourismusindustrie anmutet. Doch die Strände sind feinsandig, das Wasser warm und kinderfreundlich – und so kommen seit jeher spanische Familien hierher.

sich geradezu zum Markenzeichen des Ortes entwickelten. Einmal im Jahr findet sogar ein *habaneras*-Musikwettbewerb statt. Das Ortsbild ist heute stark durch den sommerlichen Ferienbetrieb geprägt, die schönen Strände sind mit Urbanisationen und Hotelblocks zugebaut.

Museo del Mar y de la Sal: Patricio Pérez, 10, Di–Sa 10–13.30, 17–21, So 10–13.30 Uhr.
Zur Geschichte der Salzindustrie in Torrevieja.

Am belebtesten sind die feinsandigen Strände zwischen Sport- und Fischerhafen. Nördlich des Ortes findet man Richtung Urbanisación Cabo Cervera kleinere Buchten. Besonders angenehm sind die noch weiter nördlich folgenden Strände von **La Mata.** Südlich von Torrevieja erreicht man die zum Gemeindegebiet von Orihuela gehörigen Feinsandstrände mit zwischengelagerten, felsigen Abschnitten sowie einigen Ferienurbanisationen: **Punta Prima, Platja Flamenca, Cabo Roig, La Zenia** und **Campoamor.**

Wassersport (Segeln, Tauchen, Rudern) wird im Sporthafen Marina Internacional und im Real Club Náutico angeboten. Kleine Sporthäfen gibt es auch in Cabo Roig und Campoamor weiter südlich. Außer Tauchkürsen organisiert **Tevere,** San Policarpo, 8, Tel. 965 71 65 55, auch Tauchexkursionen.
Reitzentrum: Centro Ecuestre Campoamor, Finca de los Olivos, s/n, am Strand Orihuela.
Tel. 965 32 12 38.
Golf: Club de Golf Villamartín (6 km), Real Club de Golf Campoamor (10 km) und Club de Golf Las Ramblas (12 km), drei 18-Loch-Plätze, die man südlich von Torrevieja über die Hauptstraße erreicht.
Aquópolis: Finca la Hoya, Tel. 965 71 58 90, 11–19 Uhr, Mitte Juni–Mitte Sept.
Wasservergnügungspark nah der Umgehungsstraße.

Tourist Info: Pl. Ruiz Capdepont, s/n (bei der Fischermole), Tel. 965 71 59 36.

Hotel Masa International: Av. Alfredo Nobel, 150, Tel. 966 92 15 37, Fax 966 92 21 72, moderat/teuer. In der Urbanización Cabo Cervera unweit des Miradors Torre del Moro, 3 km vom Zentrum. 50 Zimmer mit Mittelmeerblick, kleine Balkone und ein schöner Innenhof.

Hotel Lloyds Club: Av. de los Holandeses, s/n, Tel. 966 92 00 00, Fax 966 92 01 43, teuer. Ein zweistöckiges Haus im mediterranen Stil, Studios und Suiten mit Balkon an der Platja de la Mata.

Hotel La Zenia: Urbanización La Zenia, südlich von Torrevieja, Tel. 966 76 02 00, Fax 966 76 03 91, moderat/teuer. Auf einem Felsen zwischen zwei Stränden liegt das hohe Gebäude mit Pool und kleinem Palmengarten. Alle Zimmer haben Meerblick.

Hotel Montepiedra: Saavedra Fajardo, 1, Urbanización Dehesa de Campoamor, Tel. 965 32 03 00, Fax 965 32 06 34, moderat/teuer. Schöne, ruhige Anlage mit 64 Zimmern rund um einen Pool und einen großen Innenhof. Alle Zimmer im Untergeschoß im kastilischen Stil. 200 m vom Strand.

Florantiles: Ctra. Torrevieja-San Miguel de Salinas, Tel. 965 72 04 56. Bei den Salinen, 6 km abseits der Ortsstrände, mit Sportplätzen und Pool.

Barlovento: Urbanización Cabo Cervera, 8, Tel. 966 92 11 82.

Maritimes Lokal am Meer, unweit der Platja de La Mata. Leckere Fische und Reisgerichte.

Miramar: Paseo de Vista Alegre, s/n, Tel. 965 71 34 15, Okt.–März Di geschl. sowie im Monat Nov. Auf der Terrasse sitzt man fast auf dem Wasser, und die Aussicht über den Sporthafen und das Meer, aus dem das stammt, was auf den Teller kommt, ist einfach grandios. Ab 4000 Pts.

El Rincón de las Jarras: María Parodi, 3, Tel. 965 71 09 60. Stark frequentierte Restaurant-Bar im Zentrum, in der man am Tresen Tapas und *raciones* bekommt: Fisch, Wurstwaren, Käse, spanischer Eintopf; günstig.

Cabo Roig: Urbanización Cabo Roig, 12 km, Tel. 966 76 02 90. Herrliche Ausblicke über die Küste hat man von dem Lokal auf einem Felsen über dem Sporthafen, neben einem Wachtturm. Mediterrane Menüs um 4000 Pts.

Bunter Markt Fr vormittags beim Busbahnhof. Auch die ortstypischen Salzschiffe bekommt man hier.

Im Sommer und an Wochenenden trifft man sich im Zentrum, v. a. rund um die untere C. Apolo. Die Diskothek **KKO,** am Stadtrand im Polígono Casa Grande, ist im Sommer tgl., sonst Fr/Sa geöffnet. Auch tagsüber lohnt sich das schmucke **Casino de Torrevieja** für einen Café.

Semana Santa: mit Darstellungen der Passion und großer Prozession am Abend des Karfreitag. **Certamen Internacional de Habaneras y Polifonía**: Ende Juli/Anf. Aug., ein internationaler *habaneras*-Gesangswettbewerb. **La Purísima Con-**

cepción vom 1.–17. Dez. mit nächtlicher Prozession am 8.

 Ab dem **Busbahnhof** im Zentrum, Ecke C. Machado/Zoa. Mit Costa Azul nach Orihuela, Guardamar del Segura und Alicante, mit Vega nach Elx/Elche. **Stadtbusse fahren** zu den Stränden und nach La Mata. Im Juli/Aug. verkehren nachts Buho-Busse zwischen Torrevieja und La Mata.

Valencia

Lage: E 5
Einwohner: ca. 750 000

Die 138 v. Chr. von den Römern gegründete Siedlung ist heute Spaniens drittgrößte Stadt. Gesichtslose Siedlungen umwuchern den in einer Schleife des trockengelegten Riu Turia gelegenen historischen Kern, in dem man die Reste der einstigen arabischen wie der 1238 christianisierten mittelalterlichen Kaufmannsstadt findet. Hier, um die Plätze Ajuntament, Reina und Virgen mit ihren Terrassencafés, oder im traditionellen El-Carme-Viertel, entfaltet sich bis heute das urbane Leben. Es waren die ab 714 herrschenden Araber, deren Bewässerungssystem Valencia das fruchtbare Umland verdankt, deren Produkte bis heute über den 3 km vom Zentrum entfernten Hafen verschifft werden. Und es waren die mittelalterlichen Kaufleute, deren Reichtum sich in den zahlreichen Monumenten niederschlug: von der gotischen Kathedrale über die alte Seidenbörse bis zu den mächtigen, turmflankierten Stadttoren Torres de Serrans und Torres de Quart, Resten der im 19. Jh. abgerissenen Stadtmauer. Aus dem 20. Jh. hat

Valencia ebenfalls architektonische Kostbarkeiten zu bieten: Musterbeispiele des modernistischen bzw. Art Nouveau-Stils sind der Zentralmarkt und der Nord-Bahnhof, während die Palau de la Música, das L'Hemisfèric-Gebäude von Santiago Calatrava (in der Ciutat de les Arts i de les Ciències) oder der Kongreßpalast von Norman Foster eine architektonische Brücke zum 3. Jt. schlagen.

Kathedrale: Pl. Reina, s/n, tgl. 7.30–13, 16.30–20.30 Uhr. Turmbesteigung und Museum gegen Eintritt (kürzere Öffnungszeiten).
Seit dem 13. Jh. wurde die Kathedrale an der Stelle der einstigen Hauptmoschee der Stadt errichtet. Heute präsentiert sich der Bau als Stilgemisch von Romanik und Gotik mit barocken Zutaten. Der achteckige, im Stil der valencianischen Gotik errichtete Kathedralenturm **El Micalet/Miguelete** ist

Fallas in Valencia

Valencia

das Wahrzeichen der Stadt. 207 Stufen sind es bis zur Aussichtsplattform – der Rundumblick von oben lohnt die Mühe. Das **Kathedralmuseum** birgt zahlreiche religiöse Kunstschätze. Unter der gotischen Rosette des **Apostelportals** an der Pl. Virgen tagt donnerstags um 12 Uhr das Wassergericht von Valencia (s. Kasten). Nur wenige Schritte sind es von hier zum Sitz der Regionalregierung, dem **Palau de la Generalitat** mit gotischem Rumpf.

Llotja (Lonja): Pl. del Mercado, Di–Sa 9–14, 17–21, So und feiertags 9–13.30 Uhr.

Seidenhändler gründeten im 15. Jh. die gotische Handelsbörse, ein Zeugnis der merkantilen Tradition Valencias, von der UNESCO zum Weltkulturerbe erklärt. Im Börsensaal mit gedrehten Säulen und Sternengewölbe wird nunmehr nur noch sonntags gehandelt: und zwar mit Briefmarken.

Mercat/Mercado Central: Pl. del Mercado. Mit 8000 m² Verkaufsfläche ist die Markthalle von Valencia eine der größten ganz Europas. Und eine der schönsten dazu, denn der 1928 eingeweihte modernistische Zentralmarkt gibt sich als Spiel aus Stahl, farbigem Glas und Azulejos. Wer wissen möchte, was Valencias Hausfrauen in ihren Kochtopf tun, sollte einen Blick auf das immense Angebot an Culinaria werfen. Nebenan liegt die ursprünglich im 13. Jh. errichtete gotische **Iglesia de los Santos Juanes**, die im 17. Jh. barockisiert wurde.

Gärten des Río Turia (Jardí del Túria): Nach einer Überschwemmungskatastrophe im Jahr 1957 legte man das Flußbett des Turia, das die Altstadt halbkreisförmig umschließt, trocken. Nun lädt es auf einer Länge von 10 km zum Lustwandeln im Grünen ein.

IVAM: Guillém de Castro, 118, Tel. 963 86 30 00, Di–So 10–19 Uhr. 350 Pts.

In der Sammlung zeitgenössischer spanischer Kunst gebührt den Plastiken des spanischen »Eisenkünstlers« Julio González, eines Zeitgenossen von Picasso und Dalí, besonderes Augenmerk.

Museu de Belles Arts: San Pío, V, s/n, Tel. 963 60 57 93, Di–Sa 10–14.15, 16–19.30, So 10–19.30 Uhr.

Mit Gemälden von Van Dyck, Murillo, Velázquez, El Greco und Goya, den Arbeiten aus der Valencianischen Schule sowie valencianischer Maler des 19./20. Jh. wie Benlliure, Degrain oder Sorolla zählt die Pinakothek zu den bedeutenderen des Landes. Auch zeitgenössische Kunst und eine archäologische Sektion.

Museu Faller: Pl. Monteolivete, s/n, Tel. 963 52 17 30, Di–Sa 9.15–14.30, 16–19.30, So 9.15–14.30 Uhr.

Fallas

Zu den Fallas am 19. März, dem Tag des heiligen Joseph, verwandeln sich die Valencianos in Pyromanen, scheint die Stadt in Krach, Staub, Rauch, Feuer und Zunder zu ersticken. In den Wochen zuvor werden rund 700 Figuren (*ninots*) aus Pappmaché und Holz zusammengebastelt, oft satirische Verzerrungen bekannter Personen aus Politik und Kultur, nun den Flammen der Vernichtung übergeben werden. Nur die als bester *ninot* der Saison prämierte Figur überlebt die *cremà* – und ist fortan im Museu Faller zu besichtigen (s. u.). Quasi als himmlische Ergänzung zu *focs* und *cremà* in Valencias Straßen hüllt sich die Stadt in einen Feuerwerksregen.

Einzigartiges Museum, das dem berühmtesten Fest der Stadt, den Fallas, gewidmet ist. In einem ehemaligen Gefängnis bietet es Dokumente zur Geschichte des Festes mit einer Sammlung der prämierten *ninots* (s. Kasten).

Keramikmuseum: (Museu Nacional de Ceràmica): Poeta Querol, 2, Di–Sa 10–14, 16–20, So 10–14 Uhr, 400 Pts, Sa nachm. u. So frei. Schon der barock-churrigvereske Palast des Marqués de Dos Aguas (Marquis der »Zwei Wasser«, ein

Mercat Central: einer der größten und schönsten Märkte Europas

Motiv, auf das man immer wieder im Palast trifft) ist sehenswert. Üppig dekorierte Innensäle bilden den Rahmen für über 5000 Keramikstücke. Edles Porzellan aus Manises, Paterna und Ayora dokumentiert die Entwicklung dieses Kunsthandwerks im Land Valencia.

Valencias Hausstrände sind die **Platja de la Malvarrosa** und die **Platja Levante** nördlich des Hafens. Schöner sind die feinsandigen Strände von **El Saler** und **Deveses** im Süden beim L'Albufera-See, die sich über 10 km erstrecken, teils von Dünen und Pinien gesäumt. Eine gediegene Unterkunft am Strand von El Saler: Parador Luis Vives-Saler mit Golfplatz (Ctra. El Saler, km 16, Tel. 961 61 11 86, Fax 961 62 70 16).

Requena (C 5), 67 km von Valencia auf der N-III (Nahverkehrszug der Linie C-3) ist Zentrum eines Weinbaugebiets, dessen Tropfen man in den Tavernen des Orts probieren kann. Auch der mittelalterliche Dorfkern ist sehenswert. Im nahen **Utiel** sollte man das Weinmuseum besuchen. **L'Albufera,** 11 km südlich von Valencia, ist ein Süßwassersee mit 6 km Durchmesser, umgeben von einem Reisbauareal, das dem See im Laufe der Jahrhunderte abgeknapst wurde. Das Dorf **El Palmar** war bis zu den 40er Jahren des 20. Jh. noch eine Insel! Lediglich eine Dünenbarriere trennt das Ökosystem, ein Refugium für Wasservögel, vom Meer. In El Palmar werden Bootstouren auf dem See angeboten. Die Dorfbewohner befischen den See und holen aus ihm den Aal, der in den örtlichen Restaurants als *all i pebre de anguila* auf den Tisch kommt.

Tourist Info: Paz, 48, Tel. 963 98 64 22. Weitere Büros in der Estació del Nord und im Rathaus, Pl. del Ayuntament 1.

Hostal El Rincón: Carda 11, Tel. 963 91 60 83, günstig.

Auf dem Platz Milagro Macaolet

Eine alte Herberge beim Mercat Central, heute ein korrektes Hostal. Zimmer für 1–4 Personen, mit und ohne Bad.
Hostal Venecia: En Llop, 5, Tel. 963 52 42 67, Fax 963 52 44 21, moderat.
Renovierter Altbau beim Rathausplatz. Zimmer mit Bad, teils mit Klimaanlage.
Sol Playa: Av. Neptuno, 56, Tel. 963 56 19 20, Fax 963 72 74 31, moderat.
Hotel (16 Zimmer) im Hafenviertel gegenüber der Platja Levante.
Hotel Ad-Hoc: Boix, 4, Tel. 963 91 91 40, Fax 963 91 36 67, teuer/Luxus.
Nobelherberge in einem 19.-Jh.-Haus mit 28 Zimmern. Ruhige Lage im Zentrum, mit Restaurant.
Meliá Confort Inglés: Marqués de Dos Aguas 6, Tel. 963 51 64 26, Fax 963 94 02 51, teuer/Luxus.
Hotelklassiker in einem alten Stadtpalast, 63 Zimmer.
Albergue Juvenil (Jugendherberge): Pl. Hombres del Mar, 28, Tel./Fax 963 56 42 88, günstig.

Kleine Jugendherberge mit nur 16 Zimmern in einem typischen Haus des alten Fischerviertels.

Tapas bekommt man in den Tavernen und Bars im Zentrum, z. B. rund um die Markthalle Mercat Central und die Stierkampfarena sowie rund um die Straßen Carreres und Juan de Austria **(Casa Mundo)**. In der Av. Neptuno an der Platja de Levante ißt man auf den Restaurantterrassen Fisch und Meeresfrüchte mit Blick auf das Meer. Eine Institution ist dort die...
Casa Pepica: P. Neptuno, 6, Tel. 963 71 03 66. So abend geschl.
In dem 100 Jahre alten Haus dinierte schon Hemingway.
Rosa: Av. Neptuno, 70, Tel. 963 71 20 76, im Sommer Sa/So und im Winter abends geschl.
Meeresfrüchte und eine Auswahl von über 30 (!) Reisgerichten. Am Meer, mit Terrasse.
Palacio de la Bellota-Catedral del Jamón: Mosén Ferrandes, 7, Tel. 963 51 49 94, So geschl.

Juristisches Kuriosum: das Wassergericht

Traditionslokal mit leckeren Tapas, Paella, Meeresfrüchten und Fleisch.
Taberna Alkázar: C. Mosén Femades, 11, Tel. 963 51 55 51, Mo, Ostern und im Aug, geschl.
Nahe Plaza del Ayuntamiento gelegene alte Taverne mit guter Auswahl an Tapas und Raciones.

Nachteulen folgen dem Ruf der berühmten valencianischen *Ruta del Bakalao*, einer Technotour durch Pubs, Bars und Diskotheken in der ganzen Stadt; die heißesten **Disko-Tempel** liegen an den Ausfallstraßen nach Madrid und El Saler. Etwas gediegener geht es im Zentrum zu, in der **Av. Aragón**, der **C. Juan Llorens**, auf der **Pl. Xuquer** oder der **Pl. de Cánovas**. **Designbars** konzentrieren sich im Barrio El Carme. Im Sommer trifft man sich auch an der Platja del Malvarrosa.
Casino Monte Picayo: In Puçol, Ausfahrt 7 der Autovía A-7, Tel. 961 42 12 11.
Unweit von Sagunt in der luxuriösen Hotelanlage der Urbanización Monte Picayo. Bis zum Morgengrauen geöffnet.

Fallas: 12.–19 März, Höhepunkt ist die Nacht des 19. März. Valencias berühmtes Stadtfest (s. Kasten).

Flughafen: Aeropuerto de Manises, 8 km außerhalb, Tel. 961 59 85 15/961 59 85 00. Flughafenbusse (CVT) Mo–Fr 6–20.55 Uhr bis/ab Busbahnhof. 45 Min. Fahrt, billig, aber unbequem.
Züge: RENFE-Züge ab Estació del Nord, Xàtiva 24, Tel. 963 52 02 02, nach Alicante, Castelló, Cuenca, Madrid und Barcelona. Nahverkehrszüge nach Requena, Sagunt, Xàtiva, Cullera und Gandia.
Busse: Busbahnhof, Av. Menéndez Pidal, 13, Tel. 963 49 72 22. Nach Alicante, Castelló und den wichtigsten Orten der Costa Blanca und Costa del Azahar.
HERCA-Busse (Abfahrt, s. Plan), Tel. 963 49 14 25, nach El Saler und El Palmar.
Fähren: Transmediterránea, Tel. 902 45 46 45. Vom Hafen Verbindungen nach Ibiza, Palma de Mallorca und Maó (Menorca).
Stadtverkehr: Verkehrsknotenpunkt der Buslinien ist die Pl. del

Das Wassergericht von Valencia

Jeden Donnerstag um 12 Uhr nehmen in schwarze Talare gehüllte Männer vor dem Apostelportal der Kathedrale von Valencia Platz – im Halbkreis und auf historischen Stühlen. Der *Tribunal de las Aguas* entscheidet hier seit mehr als 1000 Jahren über Streitigkeiten und Verletzungen des Bewässerungsrechts.

Die sieben Schiedsrichter werden von den Nutzern des auf arabische Ursprünge zurückgehenden Bewässerungssystems alle zwei Jahre demokratisch gewählt. Effizient und unbürokratisch entscheiden sie über Recht und Strafmaß – im Beisein einer großen Menge Schaulustiger.

Ajuntament. Dazu gibt es drei Metro-Linien (FGV) und Trambahnen auch zur Platja de la Malvarrosa und zu den umliegenden Orten.
Taxi: 963 70 33 33, 963 57 13 13.
Mietwagen: Autogolden:
Tel. 963 37 44 80,
Europcar: Tel 961 52 18 72,
Eurotransac: Tel. 963 89 06 47,
auch Motorräder.

Vila Joiosa/ Villajoyosa

Lage: F 8
Einwohner: 23 000

Vila Joiosa, auch genannt La Vila Joiosa, hat einen gepflegten Altstadtkern mit mittelalterlicher Struktur und Stadtmauerresten aus der Zeit der Renaissance, wie ihn nur wenige Orte an der Levanteküste besitzen. Auffällig sind die farbigen Hausfassaden in Indigo, Ocker oder Grün, die den Fischern als Orientierung dienten, wenn sie in der Abenddämmerung den Weg nach Haus suchten. Vila Joiosa besitzt sogar noch eine kleine

Bootswerft. In ganz Spanien beliebt ist die Schokolade der Marken Valor und Clavileño, die Vila Joiosa den Beinamen des »fröhlichen Städtchens« eintrugen. Man muß hier einfach *chocolate con churros* (Kakao mit Fettgebäck) probieren, oder eine der Schokoladenfabriken besuchen.

 Außer dem Strand im Ort sind die kleinen ruhigen Buchten **La Caleta** und **Bou Nou**, 1 km entfernt im Ortsteil Montíboli, beliebt. Sportler zieht es zur **Platja Paraís** mit Palmen und Strandrestaurants (im Sommer).

Tourist Info: Costera La Mar, s/n, Tel. 966 85 13 71.

 Aparthotel Euro Tennis: Partida Montíboli (Ortsteil), Tel. 965 89 12 50,
Fax 965 89 11 94, teuer.
Große Hotel- und Apartmentanlage in ruhiger Lage mit Zugang zur La Caleta-Bucht. Pool und Tennis.
Hotel El Montiboli:
Partida Montíboli,
Tel. 965 89 02 50,
Fax 965 89 38 57, teuer/Luxus.

50 unterschiedlich eingerichtete Zimmer und Suiten, mit Blick aufs Meer und die Buchten Bou Nou und La Caleta. Zwei Pools, zwei Restaurants – und keine Betonumgebung!

 Sertorium: Platja de Torres, km 141 der N-332.
Tel. 965 89 15 99,
Fax 966 85 11 14.
Unter Mandeln, Eukalyptus, Akazien – direkt am Strand und an der Turmruine Sant Josep, ein römisches Grabmonument des 2. Jh.
El Paraíso: Partida Paraíso, 66, km 136 der N-332,
Tel. 966 85 18 38.
Ein schattiger Platz mit Pool und Zugang zur Platja Paraís.

 Zwischen Ortsstrand und Fischerhafen bieten mehrere Restaurants frischen Fisch an.
Hogar del Pescador:
Av. del País Valencià, 33,
Tel. 965 89 00 21. Nur mittags, außer Sa, So und im Juli/Aug.
Reisgerichte, Fisch, Meeresfrüchte, diverse Gemüse, Menü um 2500 Pts.

 Royal Palm Casino:
Ctra. N-332, km 141,
Tel. 965 89 07 00,
Fax 965 89 45 09, tgl. 20–4 Uhr.
Französisches und amerikanisches Roulette, Black Jack etc., mit Restaurant.

Moros i Cristians: 24.–31. Juli. Maurischer Angriff von See und Abwehrschlacht der Christen am Strand.

Busse: Autocares Ubesa fahren nach Benidorm, Altea, Campello und Alicante.
Schmalspurzüge *(trenet)* nach Alicante und Dénia.

Vinaròs

Lage: H 1
Einwohner: 21000

Der Landwirtschafts-, Fischer- und Ferienort liegt an der Grenze zu Katalonien. Sein Zentrum bilden die Kirche aus dem 16./17. Jh. und die dreieckige Pl. San Agustín mit schöner Markthalle von 1914. An der gesamten Orangenblütenküste sind die Langusten von Vinaròs ein Begriff.

Helle, grobsandige Strände am Hafen. Richtung Norden folgt Felsküste mit kleinen Buchten. Südlich des Hafens liegt die Bucht **Sud de Vinaròs** gegenüber der Stierkampfarena von 1864.

La Tinença de Benifassà ist ein Naturpark beim Dorf La Pobla de Benifassà, Richtung Uldecona-Stausee. Die schluchtenreiche Landschaft mit üppiger Vegetation – Pinien, Buchen, Eichen – ist Lebensraum von Bergziegen und Geiern. Am Weg liegt das Zisterzienserkloster **Monasterio de Benifassà** aus dem 13. Jh. (Kirchenbesuch Do 13–15 Uhr), das heute von Kartäusermönchen bewirtschaftet wird. Gute Wandermöglichkeiten in der Umgebung. Zwei ländliche Unterkünfte sind besonders zu empfehlen:
Tinença de Benifassà: Mayor, 50, in La Pobla de Benifassà, Tel./Fax 977 72 90 44, moderat (im Winter nur Sa/So); zehn Zimmer in einem Landhaus mit Restaurant;
Molí l'Abad: an der Ctra. Senia-Pobla de Benifassà, km 9,5, Tel. 977 71 34 18, moderat, eine ehemalige Mühle aus dem 16. Jh. am Riu Senia, fünf Apartments und ein gutes Landrestaurant.
Morella: s. Extra-Tour 1, S. 84.

Club de Golf Panorámica: Urbanización Panorámica, San Jorge, an der N-232 Richtung Morella, Tel. 964 49 30 72, 18-Loch-Platz.

 Tourist Info: Paseo Colón, s/n, Tel. 964 45 33 34.

 Miramar: Paseo Blasco Ibáñez, 12, Tel. 964 45 14 00, moderat. Einfaches, familiäres Hotel mit 17 Zimmern, an der Meerpromenade in Hafennähe.

 Sol de Riu Playa: Partida Deveses, s/n, Tel/Fax 964 45 49 17. Ein schattiger, küstennaher Platz mit Pool und Restaurant. **Vinaròs:** N-340, km 1054, Tel/Fax 964 40 24 24. Direkt an der Nationalstraße, auch Vermietung von Holzbungalows.

 La Cuina: Paseo Blasco Ibáñez, 12, Tel. 964 45 47 36, So abends außer im Sommer geschl. Regionale Küche, an der Meerpromenade beim Hotel Miramar. Menú für 2650 Pts. **El Langostino de Oro:** San Francisco, 31, Tel. 964 45 12 04. Im Zentrum. Wie der Name schon sagt, sind Langusten die Spezialität des Hauses. Auch Fisch- und Reisgerichte. Menú: 3500 Pts. **El Faro de Vinaròs:** am Hafen, Tel. 964 45 63 62, So abend und Mo außer im Sommer geschl. Ein altes Hafenhaus mit begrüntem Innenhof. Reisgerichte und frischer Fisch. Sympathisch ist die Taverne **Folet** am Hafen.

 Karneval im Febr./März. **San Juan y San Pedro** vom 23.–29. Juni; mit Riesenfeuerwerk zum Festende.

 Züge nach Castelló, Valencia und Barcelona. **Busse** Mo–Fr 8 und 16 Uhr nach Sant Mateu/Morella, weiterhin nach Benicarló und Peñíscola. Stadtbusse Mo–Fr Richtung Norden zum Campingplatz und nach Süden zur Cala Puntal.

Xàbia/Jávea

Lage: G 7
Einwohner: ca. 22 000

Xàbia liegt an einer der schönsten Buchten der Küste zwischen Cap Sant Antoni und Cap de Sant Martí bzw. Cap de la Nau, zu Füßen des mythischen »Hausbergs« Montgó, den ein Felsgrat mit dem Cap Sant Antoni verbindet. Nicht nur der historische Ortskern, auch die Ferienhaussiedlungen im mediterranen Stil heben sich wohltuend vom üblichen Betoneinerlei der Costa Blanca ab. Xàbia besteht aus drei Ortskernen: der Altstadt, dem als *Duanes de la Mar* bekannten Hafenviertel und dem vom Ferienbetrieb geprägten Viertel L'Arenal.

Im alten Ortskern entdeckt man allerorten malerische Winkel. Hier stehen die **Sant Bertomeu** geweihte, gotisch-isabellinische Wehrkirche (14.–16. Jh.), die früher Schutz bei Piratenübergriffen bot, die **Markthalle**, das **Augustinerinnenkloster** (Pl. del Convent) und das **Museu Soler Blasco** mit archäologischen und ethnographischen Sammlungen.

Schon wegen der Panoramen über Felsküste und

Meer lohnen Ausflüge zum **Cap Sant Antoni** und zu den zwölf ausgeschilderten Miradores (Aussichtspunkten), wie Cala Blanca und Portitxol – gegenüber der gleichnamigen Insel –, desgleichen zum **Cap Negre** und zum **Cap de la Nau** mit dem Leuchtturm.

 Außer an der **Platja de la Grava** beim Hafen und der **Platja de l'Arenal** kann man in mehreren versteckten Felsbuchten baden: der **Cala de la Barraca** mit Kiesstrand – und Strandrestaurants – gegenüber der Illa de Portitxol, in der **Cala de la Granadella** mit Sand- und Kiesstrand und an der **Platja de l'Ambolo,** einem Nudistentreff.

Die Küste rund um Xàbia und die Inselchen Illa del Portitxol sowie Illa d'Ambolo sind bestes **Tauchrevier.** Im geschützten Areal beim Cap Sant Antoni darf nur mit Genehmigung der örtlichen Polizei getaucht werden.
Club de Golf Jávea: Ctra. Xàbia-Benitachell, km 4,
Tel. 965 79 25 84,
Fax 966 46 05 54.
9-Loch-Platz in einer Pinienzone.
Radverleih: Jávea Rent a Bike,
Av. de Lepanto, am Hafen,
Tel. 966 46 11 50.
Die Drahtesel werden eher im Sommer verliehen.
Wandern: Das Tourismusamt informiert über verschiedene Wanderrouten, darunter zum Castell de la Granadella, zum Leuchtturm am Cap Sant Antoni und auf den Montgó (s. Extra-Tour 2, S. 87).

Tourist Info: Ctra. Cabo de la Nao, Urbanización la Plaza, Tel. 966 46 06 05. Weitere Infostellen am Kirchplatz und beim Fischerhafen.

Hostal La Marina: Av. Marina Española, 8,
Tel. 965 79 31 39,
günstig/moderat.
Einfache Pension an der Meerpromenade der Platja La Grava unweit des Hafens. Zimmer mit Bad/Dusche, einige mit Meerblick. Restaurant.
Hotel Miramar: Pl. Almirante Bastarreche, 12, Tel. 965 79 01 00, Fax 965 79 01 02, moderat.
Einfaches, familiäres Hotel. Die schönsten Zimmer haben einen Balkon, der zum Hafen zeigt.
Hotel El Rodat: Carretera Cabo de La Nao, s/n, Tel. 966 47 07 10, Fax 966 47 15 50, teuer/Luxus.
Die schöne Anlage mit 15 Bungalows im mediterranen Stil liegt in einer ruhigen Wohngegend mit Pinien. Pool, Garten und Sonnenterrasse.
Parador de Turismo Costa Blanca: Platja de l'Arenal, 2,
Tel. 965 79 02 00,
Fax 965 79 03 08, teuer/Luxus.
Vierstöckiger, neuerer Bau am Strand L'Arenal. Schöner Palmengarten.
Hotel Villa Mediterránea: León, 5, Tel. 965 79 52 33,
Fax 965 79 45 81, Luxus.
An der Straße Xàbia-Jesús Pobre gelegen, im Schatten des Montgó mit Blick aufs Meer. Fünf Nobelräume, zwei Suiten, Pool und Schwimmbad.

Camping Jávea: Partida Plá, 7, Tel. 965 79 10 70, 15. Juni–15. Sept.
Ruhige Lage, mit Eukalyptusbäumen und Palmen, 1,6 km vom Strand.

Beim Fischerhafen bzw. im Hafenviertel und in L'Arenal an der Meerpromenade gibt es ein großes Restaurantangebot.

Cabo la Nao: beim Leuchtturm am Cap de la Nau, Tel. 965 77 18 35, Sept–Juni Mi geschl. Hübsches, reizvoll gelegenes Lokal mit Fleisch- und Fischgerichten.

La Grava: Andrés Lambert, 7, Tel. 966 46 11 27, Mo geschl. Im Hafenviertel. Tapas, Fleisch, Fisch, Reis, Paella.

Calima: Marina Española, 14, Tel. 965 79 48 21. Di und Mi mittag geschl. Oberhalb des Grava-Strandes wird hier Hausgemachtes geboten: von der Pastete bis zum Nachtisch.

Oligarum: Las Barcas, 9, Tel. 966 46 17 14, im Juli/Aug. nur abends, Mi u. Do-mittag geschl. Kreative Küche in der einstigen Fischereigenossenschaft. Menü für 4500 Pts.

Im Sommer verbringt man die Nächte in den Pubs an der Platja de l'Arenal oder in den Strandbars der Platja Benisero. Disko-Stimmung kommt im **Terra** am Camino de Cabanes und in der **Hacienda Disco** auf, einer Disko unter freiem Himmel am Weg zum Cap de Sant Antoni.

27. April–3. Mai: **Festes de la Santa Creu y de Jesús de Natzaret** mit Aufstieg zur Ermita del Calvari. 31. Juli–2. Aug.: **Mare de Dèu dels Angels** im Monestir de la Plana, nahe der Straße zum Cap de Sant Antoni. 29. Aug.–8. Sept.: **Mare de Dèu de Loreto**, mit Prozessionen, Feuerwerk und Stiertreiben (›*Els bous*‹) beim Hafen.

Busse verkehren von Mo–Sa zwischen Ortskern, Hafen, L'Arenal und Cala Blanca. Häufige Verbindungen nach Dénia. Ubesa-Busse fahren nach Alicante und Valencia.

Von S bis XXL: Boote im Hafen von Xàbia

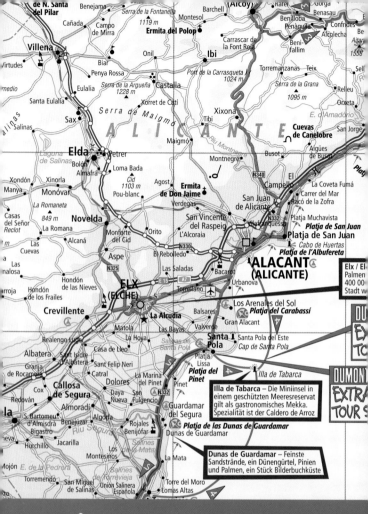

Illa de Tabarca – Die Miniinsel in einem geschützten Meeresreservat gilt als gastronomisches Mekka. Spezialität ist der Caldero de Arroz

Dunas de Guardamar – Feinste Sandstrände, ein Dünengürtel, Pinien und Palmen, ein Stück Bilderbuchküste

Extra-

Die Costa Blanca/Costa del Azahar hautnah erleben: fünf Extras, fünfmal anders

1. Ausflug ins Mittelalter – Eine Rundfahrt durch den Maestrat

2. Die Costa Blanca aus der Vogelperspektive

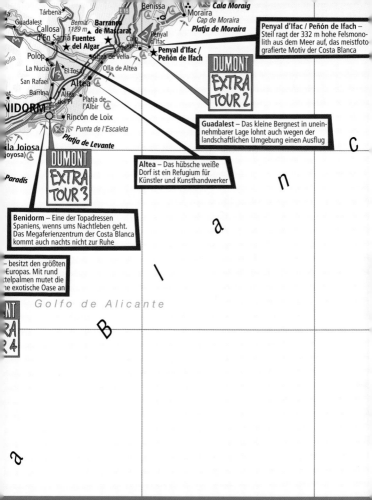

Penyal d'Ifac / Peñón de Ifach – Steil ragt der 332 m hohe Felsmonolith aus dem Meer auf, das meistfotografierte Motiv der Costa Blanca

Guadalest – Das kleine Bergnest in uneinnehmbarer Lage lohnt auch wegen der landschaftlichen Umgebung einen Ausflug

Altea – Das hübsche weiße Dorf ist ein Refugium für Künstler und Kunsthandwerker

Benidorm – Eine der Topadressen Spaniens, wenns ums Nachtleben geht. Das Megaferienzentrum der Costa Blanca kommt auch nachts nicht zur Ruhe

– besitzt den größten Europas. Mit rund telpalmen mutet die e exotische Oase an

Touren

Ausflug ins Mittelalter – Eine Rundfahrt durch den Maestrat

Mal raus aus dem Ferientrubel am Strand? Eine Tour in die küstennahen Gebirge verspricht ein Kontrastprogramm, wie es schroffer nicht sein könnte: Statt Highlife am Strand findet man Beschaulichkeit und Stille, statt Beton wilde Natur, statt moderner Urbanisationen Dörfer wie aus dem Mittelalter.

Die vielleicht reizvollste Berglandschaft ist der Maestrat/Maestrazgo im Nordwesten der Provinz Castelló. Die Bewohner der noch ganz mittelalterlich anmutenden Dörfer leben wie vor Jahrhunderten von bescheidener Landwirtschaft. Während der Bewässerungsfeldbau in den Ebenen fruchtbare Gartenlandschaften entstehen ließ, sind die Bergbewohner seit alters auf Trockenkulturen angewiesen: Wein, Mandel- und Ölbäume. Auch Schafen begegnet man hier, deren Wolle man früher zu Stoffen verarbeitete.

Schon der Name Maestrat bzw. Maestrazgo ruft Erinnerungen an das Mittelalter wach, an die Zeit, in der die Christen den von Mauren beherrschten Süden aufrollten und das eroberte Land großzügig an die Ritterorden verteilten, die in den Feldzügen die Federführung übernommen hatten: die Templer und später den Montesa-Orden. Die Ordensmeister (*maestres*) liessen sich als neue Herren im Maestrazgo nieder; viele Orte tragen bis heute den Namenszusatz »del Maestre« oder »del Maestrazgo«.

Ausgangspunkt der Tour ist **Benicarló.** Über die Bauerndörfer Cálig und Cervera del Maestre geht es nach **Sant Mateu (G 1)**. Der alte Hauptort des Maestrat lohnt einen Stopp: Im Zentrum mit der Plaza Mayor, einer typisch kastilischen Platzanlage mit Laubengängen, dem gotischen Rathaus, der Stiftskirche mit romanischem Portal (13. Jh.) und einigen alten Adelshäusern fühlt man sich in die Zeit der Ordensritter zurückversetzt. 3 km außerhalb hat man vom Hügel mit dem Heiligtum der **Mare de Dèu dels Angels** einen schönen Blick über das Tal.

11 km sind es bis **Tírig**, bekannt wegen der prähistorischen Felsmalereien in der Valltorta-Schlucht (s. S. 28), und dann steigt die schmale Straße 12 km lang nach

Mittelalterfest in Morella

Catí (F 1) hinauf. Wieder ein Dorf wie aus einem historischen Bilderbuch. Seine Hauptstraße verbindet die Plaça de Dalt mit der Plaça Baix, dem Standort einer gotischen Kirche mit mittelalterlichem Retabel, eines gotischen Rathauses sowie einiger Landadelshäuser.

Zurück auf der N 332, bietet sich hinter dem Ort ein rund 5 km langer Abstecher zum **Heiligtum der Mare de Dèu de l'Avellá** an, das pittoresk in 900 m Höhe liegt und durch einen 300 m langen Felstunnel erreicht wird. Auf der Weiterfahrt nach Morella erreicht man unvermittelt das **Santuari Mare de Dèu de la Vallivana**, das wie vergessen in der Landschaft liegt. Die Schützlinge der Jungfrau von Vallivana leben 24 km entfernt in Morella, was sie nicht davon abhält, ihr alljährlich eine Wallfahrt abzustatten. Steineichen, wilde Schluchten und Flußbetten – so sieht es rechts und links des Weges aus, der sich über den Port del Querol (Paß 784 m) teils im Zick-Zack-Kurs nach **Morella (F 1)** hinaufschraubt.

Der Ort ist schon von weitem zu sehen. Majestätisch hockt er mit seiner Burg auf einem Felshügel, bewehrt durch eine 2,5 km lange Mauer aus dem 14. Jh. Um das Castell schließt sich ein labyrinthisches Geflecht halbkreisförmig angelegter Gassen, in denen es förmlich nach Mittelalter riecht. Aufgrund seiner Geschichte und Traditionen gehört Morella zum Maestrat, wenngleich es offiziell Hauptort der Region Els Ports ist und nach der Reconquista direkt dem König und nicht dem Militärorden unterstellt war.

Der nächste pittoreske Ort in diesem gebirgigen Grenzland zwischen Aragón, Katalonien und Valencia ist das 12 km entfernte **Forcall (nördlich F 1)**, dessen Plaza Mayor sich mit archaischen Arkadengängen und dem Palau dels Osset aus dem 16. Jh., heute ein schönes Hotel (Tel. 964 17 75 24), schmückt. Wer die Tour zu einem längeren Rundkurs durch das Mittelalter ausbauen möchte, sollte noch **Olocau del Rey** und besonders das mauerbewehrte **Mirambel** ansteuern, ebenso Denkmäler einer anderen Zeit wie **Cantavieja**, **La Iglesuela del Cid** und **Ares del Maestre (F 1,** s. S. 28), bevor es über Albocàsser und Alcalá de Xivert zur Küste zurückgeht.

Die Costa Blanca aus der Vogelperspektive

Spektakulär ist der Auftakt der Costa Blanca am Südrand des weitgeschwungenen Mittelmeerbogens mit dem Golf von Valencia. Gebirgsausläufer greifen nun als Zungen ins Meer aus und brechen in Kaps und Kliffs steil zum Wasser ab. Zwischen Dénia und Calp ist die Küste besonders reich gegliedert, und hier gibt es gleich zwei Aussichtspunkte, von denen sich das ganze Küstenpanorama erfassen läßt: den 332 m hohen Penyal d'Ifac (Peñón de Ifach) und den 753 m hohen Montgó, die beide seit 1987 als *Parc Natural* unter Naturschutz stehen.

Keck reckt in Calp der **Penyal d'Ifac (G 8)** seine Nase aus dem Wasser. Der fast senkrechte Monolith ist das Wahrzeichen der Costa Blanca. Karthagische Seefahrer gaben ihm im 4./3. Jh. v. Chr. den Namen, so will es zumindest die Legende. Für sie war der »Felsen des Nordens« (Ifach) das Gegenstück zum ähnlich markanten »Felsen des Südens«, Gibraltar.

Der »Felsen des Nordens« will erklommen werden! Ca. 2 Std.

muß man dafür veranschlagen. Von der Avenida del Puerto in Calp geht es durch die Calle Isla de Formentera zunächst zur **Aula de la Naturaleza** und dem Informationszentrum des Parc Natural Penyal d'Ifac. Der Zugang zum Steinklotz wird kontrolliert, die Besucherzahl ist beschränkt (Achtung: großer Andrang in der Karwoche und im Juli/Aug.). Hinter der Kontrollstation bringt der Weg im Zick-Zack bergan, bis zu den Resten eines maurischen Befestigungswalls. Von dort reicht die Panoramasicht über das Helada-Gebirge im Süden, das Aitana-Gebirge und den Puig Campana im Westen sowie auf den Montgó und das Cap de Moraira im Norden. Am Ende der Bucht von Calp erhebt sich der Morro de Toix.

Beim weiteren Aufstieg kommt bei Botanikern Freude auf: 300 verschiedene Pflanzen hat man gezählt, darunter (windschief gewachsene) Pinien, Zwergpalmen, Wacholder, Sadebäume. Nach einem erneuten Anstieg erreicht man den Eingang des 30 m langen Tunnels aus dem Jahr 1918, der den Aufstieg zum Gipfel erschloß. Dann teilt sich der Weg: Der linke führt zwischen Pinien und Zistro-

Unter Naturschutz: Der Berg Montgó

sen zu den senkrechten Felswänden an der Westseite, der rechte zur 332 m hohe Spitze des Penyal.

Das letzte steile Teilstück erfordert noch einmal den vollen Krafteinsatz. Unzählige Möwen, neben rund 80 anderen Vogelarten, die hier überwintern oder nisten, leisten dabei Gesellschaft. Der Ausblick von oben entschädigt für all den vergossenen Schweiß: Zu Füßen liegen die Salinen von Calp, der Hafen und die Strände beiderseits des Monolithen. Kletterer dürfen sich übrigens an der Nord- und Südseite des Felsens abarbeiten, allerdings nur mit Genehmigung der Parkverwaltung (Tel. 965 97 20 15).

Für die Wanderung auf den **Montgó (G 7)**, bei Regenwetter nicht zu empfehlen, sollte man ca. 4 Std. einplanen (hin und zurück). Wasser und Sonnencreme nicht vergessen, und festes Schuhwerk anziehen! Um zum Ausgangspunkt der Wanderung zu gelangen, fährt man von Calp Richtung Norden. Hinter Xàbia, nachdem man die Abzweigung zum Cap de Sant Antoni (rechts) und das Hinweisschild zum »Campo de Tiro de San Jerónimo« (Schießplatz) pas-

siert hat, folgt man links dem Weg zum Schießplatz »Les Planes de Dénia«, bis man an eine Sperre gelangt und das Auto abstellen muß. Dann marschiert man auf ein paar Häuser zu, bis ein Schild den Wanderer nach rechts weist. Das erste knapp 2 km lange Teilstück des Wegs verläuft durch ebenes Macchia-Gelände. Danach geht es steil, teils mit 50 % Steigung, bergauf. Rosmarin, Thymian, Lavendel sowie Zwergpalmen sind nun die auffälligsten der insgesamt 600 Pflanzenarten im Naturpark.

Beim **Penya Rotja**, einer rötlichen Kalksteinwand, hat man 510 Höhenmeter erreicht und etwa die halbe Wegstrecke geschafft. Beim weiteren Aufstieg zur 753 m hohen Spitze vollzieht man einen Richtungswechsel und gelangt im Zick-Zack-Kurs hinauf. Die letzten 450 m verlaufen auf einem Kalksteinkamm, auf dem rote Punkte den nur schwieriger zu erkennenden Weg markieren. Am Kreuz von Xàbia hat man es geschafft. Welch ein Ausblick! Aus der Vogelperspektive sieht man die Küstengebirge, den Penyal d'Ifac, den Golf von Valencia und – bei klarem Wetter – die Insel Ibiza.

Auf der Spur des Wassers – Zu den »Quellen« der valencianischen Landwirtschaft

Kaum zu glauben, daß sich wenige Kilometer abseits des Megaferienzentrums Benidorm ursprüngliche Dörfer finden, deren Bewohner seit alters die Kunst des Bewässerungsfeldbaus beherrschen. Die dortigen Morisken – das sind Muslime, die nach der Reconquista des Landes zum Christentum konvertierten – führten das von den Römern begründete, jedoch von den Arabern perfektionierte Bewässerungssystem weiter, sie wußten sich Quellen und Flußwasser zunutze zu machen und das Land der langen trockenen Sommer und des knappen Wassers in einen Garten Eden zu verwandeln.

In den Tälern von Río Guadalest und Río Algar, die sich durch das bis zu 1500 m hohe Küstengebirge schlängeln, gedeihen Orangen, Zitronen und Mandeln, und sie sind Spaniens Hauptanbaugebiet einer weiteren köstlichen Frucht, der Mispel. Dieses alte Gartenland faszinierte viele spanische Künstler, den Schriftsteller Gabriel Miró

ebenso wie den Maler Benjamín Palencia oder den Musiker Oscar Esplá. Es ist reich mit Quellen gesegnet, und die Bewohner der moriskischen *pueblos* speisen ihr Wasser nicht nur in die landwirtschaftlichen Bewässerungskanäle, die maurischen *acequias*, ein, sondern auch in die überall präsenten Dorfbrunnen.

Unsere »Route der Brunnen und Quellen« führt von Benidorm Richtung Callosa d'En Sarrià und Guadalest. Hinter La Nucia erreicht man jenseits einer kleinen Niederung den Ort **Polop (F 8)**. Von Obsthainen umgeben, liegt er am Hang. Die Silhouette des Kastells, in dessen Mauern die Ahnen der heutigen Dörfler ihre letzte Ruhestätte fanden, sticht aus dem Ortsbild hervor. Wasser scheint es in Polop in Hülle und Fülle zu geben, denn die Fuente de los Chorros ergießt sich aus 221 Wasserspeiern in das Halbrund eines Platzes.

Callosa d'En Sarrià ist eine alte maurische Siedlung, deren Bewohner von ihren Zitrusplantagen und Mispelkulturen gut leben können. 3 km außerhalb Richtung Pego liegen die **Fonts de l'Algar** mit Kaskaden, Naturschwimm-

Umgeben von Obstbäumen: Polop

becken, einem Wasserfall und einem Umweltmuseum (Museo del Agua, Tel. 965 97 21 29, 350 Pts.).

Einen Abstecher lohnt das wenige Kilometer nördlich am Hang gelegene **Tárbena,** das nach der Vertreibung der Mauren aus dem Land im 17. Jh. mit Mallorquinern wiederbesiedelt wurde. Als gastronomische Institution gilt im Dörfchen die Casa Pinet, in der man gewürzte mallorquinische Preßwurst probieren muß.

Zurück nach Callosa und dann nach **Guadalest (F 8).** Das von den Mauren gegründete Felsennest, von Natur aus eine einzige verwegene Festung, zählt nur 170 Einwohner – aber rund 2 Mio. Besucher im Jahr. Zugang gewährt ausschließlich ein aus dem Felsen geschlagenes Tor. Fährt man darauf zu, erblickt man einen weißen Glockenturm, der sich einsam über dem Stein erhebt. Im übrigen besteht Guadalest vorwiegend aus Souvenirläden, die örtliches Kunsthandwerk feilbieten, und aus Museen – immerhin sieben an der Zahl. Ihre Themen sind vielversprechend, Folter, Hexerei und Okkultismus sind dabei. Dennoch

mögen manchem Besucher die Reste des Kastells – mit einem Friedhof im Innern –, die Casa de los Orduña aus dem 16./17. Jh. (gegenüber dem Felsentunnel) oder das alte Gefängnis aus dem 12. Jh., das im Rathauskeller untergebracht ist, interessanter erscheinen. Geradezu spektakulär ist der Ausblick von hoch oben auf den Stausee von Guadalest und die ihn umschließende Hügellandschaft.

Maurisch geprägte Dörfer, wie **Benimantell, Benifato, Beniardá** oder **Confrides (F 8),** das an der Quelle des Ríu Guadalest liegt, ducken sich am Weg nach Alcoi zwischen Obstkulturen und Hügelland. Die Dorfbrunnen bezeugen die Wertschätzung des Wassers als öffentliches Gut und als Lebensquell. Daß die Ortsbilder das verschlungene Gassengewirr moriskischer Siedlungen wiedergeben, versteht sich von selbst.

Letzte Wegstation könnte **Penàguila** sein, ein Dorf mit alten Adelsstammhäusern. Es ist von kleinen Flüssen umgeben, deren Wasser – wie könnte es anders sein – Obsthaine und Mandelbäume nährt.

Zur Insel der Piraten und Genueser – Die Illa (Isla) de Tabarca

Wohl kaum ein Ausflügler hat eine Vorstellung davon, was ihn auf der **Illa de Tabarca (E 10)** erwartet. Schließlich ist die flache, kaum 2 km lange und nur 400 m breite Miniinsel im Mittelmeer ein unbekannter Fleck auf den Landkarten Europas. Im Sommer strömen Tagesbesucher zu Tausenden hinüber, doch wenn gegen Abend das letzte Schiff wieder die Leinen losgemacht hat, hüllt sich die Insel erneut in Schweigen, und außerhalb der Saison liegt sie gar lethargisch im Wasser, hält Winterschlaf.

Ein geschützter Meerespark umgibt die Illa de Tabarca. Im algenreichen Wasser leben Zackenbarsche, Zahnbrassen und auch Meeresschildkröten. Die Schiffahrt im Reservat ist verboten bzw. strengen Regeln unterworfen, gleiches gilt für's Unterwasserfischen und Tauchen mit Ausrüstung, wozu eine Genehmigung eingeholt werden muß.

Der Name »Tabarca« erinnert an die 68 genuesischen Fischerfamilien, mit denen Karl III. die Insel im 18. Jh. wiederbesiedeln ließ. Man befreite sie aus tunesischer Gefangenschaft auf der Halbinsel Tabarqah nahe der Grenze zu Algerien und verschiffte sie hierher. »Nueva Tabarca«, neues Tabarca, nannten die Genueser ihre neue Bleibe vor der Küste von Santa Pola. Sie verschanzten sich in einem befestigten Ort mit gitterförmigem Straßennetz, der heute fast unverändert weiterbesteht. Und die Nachkommen der Genueser – an Namen wie Russo, Chacopino oder Parodi zu erkennen – üben wie ihre Väter und Großväter das Fischerhandwerk aus.

Die genuesischen Siedler sollten helfen, berberischen Piraten und Schmugglern, die im Mittelmeer ihr Unwesen trieben, Einhalt zu gebieten. Denn, so will es die Legende, die Insel war zuvor Rückzugsort des gefürchteten berberischen Korsaren griechischer Abstammung Chaireddin, alias ›Barbarossa‹.

Die heutigen Besucher kommen in friedlicher Absicht. Sie besichtigen die wenigen Baudenkmäler, baden im kristallklaren Wasser und kosten natürlich die Inselspezialitäten – Reisgerichte und ta-

Überfahrten nur tagsüber: Bei Nacht hüllt sich die Insel in Schweigen

barquinischen Eintopf (caldero). Alle Welt tut das. Spötter behaupten daher, es gebe mehr Restaurants als Einwohner auf Tabarca.

Die »Insel Karls III.« hat man schnell besichtigt. Landschaftliche Höhepunkte bietet sie kaum. Nach Ankunft im Hafen gelangt man durch die Puerta de San Rafael bzw. Puerta de Levante in die mauerumgebene Siedlung. Niedrige, einfache Häuser säumen die Hauptstraße, die in einen großen Platz mündet. Nach links kommt man von dort zum Gouverneurshaus, seit 1993 Sitz eines Hotels (s. S. 68), nach rechts zu einer Wehrkirche, in der sich einst die Genueser bei Gefahr verschanzten. Sie ist Petrus und Paul geweiht, denn der Apostel Paulus, so heißt es, habe die Miniinsel einst besucht. An der anderen Ortsseite führt die Puerta de la Trancada oder Puerta de San Gabriel zu einem felsigen Küstenabschnitt, vor dem die – zu Fuß durch das seichte Wasser erreichbare – Islote de la Cantera im Meer schwimmt, eine Felseninsel, die als Steinbruch (cantera) für die Dorfmauer herhalten mußte. Im Süden der Insel, nahe dem Hotel Antigua Casa del

Gobernador, befindet sich der Eingang zur 100 m langen Tropfsteinhöhle Llop Mari, ein Refugium für Fische und Wasservögel.

Außerhalb der Stadtmauern steht seitlich des Hafens die 27,5 m hohe, pyramidenförmige Torre de San José, ehemals Gefängnis und Wachtturm. Dahinter dehnt sich eine monotone, baumlose und steinige Zone, bekannt als El campo (Feld). Sie lädt zu Spaziergängen ein. Ein Wanderweg führt von der Torre de San José zum Leuchtturm und zu einem kleinen Friedhof am Meer. Weiße Mauern fassen ihn ein, ein einzelner Strauch steht zwischen den Gräbern. Hier ruhen die genuesischen Siedler und ihre Nachfahren.

Anfahrt: Im Fischerhafen von Santa Pola legen tgl. (ab etwa 10 Uhr) Schiffe verschiedener Gesellschaften zur 4,5 Meilen entfernten Insel ab; spätestens bei Sonnenuntergang kehren sie zurück. Die Überfahrt dauert je nach Schiffstyp 15–25 Min. Es werden auch Glasbodenboote eingesetzt. Die Ausflugsboote von den Städten Alicante und Torrevieja sind zur Illa de Tabarca ca. 1 Std. unterwegs.

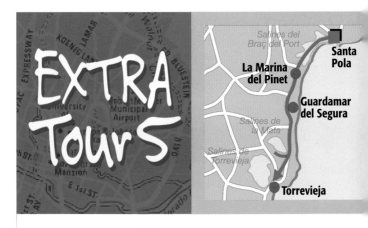

Das weiße Gold des Meeres – Salzlagunen an der Costa Blanca

Die küstennahen Salzlagunen zwischen Santa Pola und Torrevieja bilden zusammen mit Staubecken und Sümpfen in den Flußniederungen von Segura und Vinalopó ein dreiecksförmiges Feuchtareal, das zu den wichtigsten Vogelrevieren der spanischen Mittelmeerküste zählt. Doch auch der Mensch machte sich die Salzmarschen und Lagunen seit jeher zunutze: Seit dem 13. Jh. wird hier Salz gewonnen.

Südlich von **Santa Pola (E 10)** durchquert die N-332 die **Salines del Braç del Port**. Der 2475 ha große Naturpark umfaßt außer der Küstenlagune von Santa Pola mehrere Süßwassersümpfe und dazu die Strandzone mit Dünen. Hinter dem Restaurant La Venta del Cruce wurde unweit der Straße eine Vogelbeobachtungsstation eingerichtet. Etwas weiter rechts kommt man zu den Resten eines alten Küstenwachtturms, der **Torre Tamarit**, die ebenfalls in eine Observierungsstation mit Informationstafeln umgewandelt

wurde. Zur Linken türmen sich dort riesige Salzberge auf, das Produkt der lokalen Salzindustrie. Das südliche Ende dieses Feuchtareals markiert die Straße, die nach Marina d'Elx bzw. zur Platja del Pinet führt. Ein Informationszentrum über die Salinen liegt im weißen Landhaus direkt hinter dem Vergnügungspark Pola Park an der Straße nach Alicante (tgl. 8/9–15, Di/Do auch 16–18 Uhr).

Rund 6 km hinter Guardamar del Segura liegt der Weiler Torrelamata. Nach Überqueren des Kanals, der die Laguna de La Mata mit Meerwasser versorgt, kommt man rechts zum **Centro de Información de la Laguna de La Mata** (200 m von der Straße), ein ehemaliges Forsthaus, das über das Salinenareal informiert (tgl. 8/9–15, Di/Do auch 16–18 Uhr, Tel. 966 92 04 04). Zwei beschilderte Erkundungswege mit Vogelbeobachtungsstationen beginnen hier: Die Radstrecke ist 5,5 km lang, zu Fuß benötigt man 1,5–2 Std. Ein Fernglas ist für die Vogelbeobachtung recht nützlich. Unter den zahlreichen Arten, die an diesem Küstenstrich zu Hause sind, ist der Flamingo sicher die exotischste. Insgesamt hat man in den

Eine Mio. Tonnen Meersalz im Jahr: hier die Saline von Torrevieja

hiesigen Feuchtzonen rund 15000 Exemplare gezählt, vom Frühjahr bis zum Herbst bekommt man sie zu Gesicht. Im übrigen ist die beste Zeit zur Vogelbeobachtung November bis März.

Die industrielle Salzgewinnung wird in den **Salinen von Torrevieja (D 10)** im großen Stil betrieben. Die Lagunen von Torrevieja und La Mata bedecken zusammen ein 26 km langes Areal. Und sie bilden ein zusammenhängendes System: Die Laguna de La Mata ist durch einen künstlichen Kanal, den Canal del Acequión, mit dem Meer verbunden. Öffnet man die Kanalschleusen, wird La Mata, das 10 m unter dem Meeresspiegel liegt, auf ›natürliche‹ Weise von Meerwasser überflutet. Es erwärmt sich und wird dann durch weitere Kanäle zur Lagune von Torrevieja geschleust, wo sich Salzkristalle ausbilden. Um den Kristallisierungsprozeß zu beschleunigen, gibt man Steinsalz zu, das durch eine Art Pipeline über 50 km aus dem Dorf El Pinoso im Landesinnern zugeleitet wird.

Die Salzgewinnung blickt auf eine über siebenhundertjährige Tradition zurück, doch nahm sie erst im letzten Viertel des 18. Jh. industrielle Form an. In Santa Pola ging die Salzgewinnung im grossen Stil erst Ende des 19. Jh. los.

Ein Besuch der alten Industrieanlagen der **Unión Salinera Española**, der spanischen Salzfabriken an der Südspitze der Salinas de Torrevieja (Di und Do um 11 Uhr Führungen), oder des **Museo del Mar y de la Sal** im Ort Torrevieja (s. S. 69) könnte die Salzroute beschließen. Die jährliche Produktionsmenge der Unión Salinera erreicht bis zu 1 Mio. Tonnen. Sie werden auf LKWs oder an der Muelle de la Sal, der sog. Salzmole, auf Schiffe verladen, um sich dann über Westeuropa zu verteilen. An der **Salzmole** gegenüber vom Fischer- und Sporthafen warten ganze Berge weißer Kristalle auf ihren Transport.

Die weitgereisten Seeleute von **Torrevieja** brachten früher allerlei Kulturgut mit nach Hause: Berühmt sind die *habaneras*, nostalgische Gesänge von Liebe und Leid zu karibischen Rhythmen, die – wie der Name schon sagt – aus Cuba stammen und sich geradezu zum Markenzeichen des Ortes entwickelten (s. S. 70).

Impressum/Fotonachweis

Fotonachweis

Titelbild: Badelektüre an der Costa Blanca
S. 2/3: Xàbia: Stiertreiben im Hafen
S. 4/5: Schaumspaß während des Weinfestes in Requena
S. 26/27: Künstler malt die Kulisse von Vila Joiosa

Juanjo Albarrán, Madrid: S. 8, 9, 15, 36, 39, 60, 67, 71, 85
Manuel García Blázquez, Madrid: S. 6/7, 33, 53, 54, 59, 87, 89, 91, 93
Monica Gumm/White Star, Hamburg: Titelbild, S. 1, 2/3, 4/5, 10, 13, 16, 18, 26/27, 35, 41, 42/43, 45, 48, 64, 74, 75, 76, 81

Kartographie: Berndtson & Berndtson Productions GmbH, Fürstenfeldbruck
© DuMont Buchverlag

Die Deutsche Bibliothek – CIP-Einheitsaufnahme

García Blázquez, Manuel:
Costa Blanca/Costa del Azahar, Manuel García Blázquez. -Ausgabe 2000
- Köln : DuMont, 2000
(DuMont Extra)
ISBN 3-7701-5106-2

Grafisches Konzept: Groschwitz, Hamburg
© 2000 DuMont Buchverlag, Köln
Alle Rechte vorbehalten
Druck: Rasch, Bramsche
Buchbinderische Verarbeitung: Bramscher Buchbinder Betriebe
ISBN 3-7701-5106-2

Register